NSCA NSCA 运 动 表 现 提 升 训 练 丛 书

美国国家体能协会
速度训练指南 （修订版）

[美] 美国国家体能协会（National Strength and Conditioning Association） 主编
[英] 伊恩·杰弗里斯（Ian Jeffreys） 编
沈兆喆 译

人民邮电出版社

北 京

图书在版编目（CIP）数据

美国国家体能协会速度训练指南：修订版／美国国家体能协会主编；（英）伊恩·杰弗里斯(Ian Jeffreys)编；沈兆喆译. — 2版. — 北京：人民邮电出版社，2019.3
（NSCA运动表现提升训练丛书）
ISBN 978-7-115-50162-2

Ⅰ. ①美… Ⅱ. ①美… ②伊… ③沈… Ⅲ. ①运动速度(体育)—运动训练—美国—指南 Ⅳ. ①G819-62

中国版本图书馆CIP数据核字(2018)第272977号

版权声明

免责声明

本书内容旨在为大众提供有用的信息。所有材料（包括文本、图形和图像）仅供参考，不能用于对特定疾病或症状的医疗诊断、建议或治疗。所有读者在针对任何一般性或特定的健康问题开始某项锻炼之前，均应向专业的医疗保健机构或医生进行咨询。作者和出版商都已尽可能确保本书技术上的准确性以及合理性，且并不特别推崇任何治疗方法、方案、建议或本书中的其他信息，并特别声明，小会承担由于使用本出版物中的材料而遭受的任何损伤所直接或间接产生的与个人或团体相关的一切责任、损失或风险。

内 容 提 要

　　本书是《速度训练：理论要点、动作练习与运动专项训练计划》的修订版，是献给专业运动员、教练及运动爱好者的速度训练指导书。全书分为6章，分别介绍了速度的本质、速度的技术模式、直线速度的技术训练、速度的评估、发展运动专项中的速度素质，以及涵盖棒球、篮球、美式橄榄球、冰球、足球、网球、径赛项目等运动专项的速度训练。全书以图文形式讲解了丰富多样的速度训练方法，还为运动员和教练提供了科学依据——决定采用哪种训练方法以满足特定需求及克服技术缺陷。更重要的是，本书详细介绍了速度训练在各运动专项中的运用，指导大家通过正确的速度训练方法实现运动专项水平的提升。

◆ 主　编　[美]美国国家体能协会
　　　　　（National Strength and Conditioning Association）
　编　　　[英]伊恩·杰弗里斯（Ian Jeffreys）
　译　　　沈兆喆
　责任编辑　寇佳音
　责任印制　周昇亮

◆ 人民邮电出版社出版发行　北京市丰台区成寿寺路 11 号
　邮编　100164　电子邮件　315@ptpress.com.cn
　网址　https://www.ptpress.com.cn
　涿州市般润文化传播有限公司印刷

◆ 开本：700×1000　1/16
　印张：13.5　　　　　　　　2019 年 3 月第 2 版
　字数：211 千字　　　　　2025 年 11 月河北第 29 次印刷

著作权合同登记号　图字：01-2016-10076 号

定价：78.00 元
读者服务热线：(010)81055296　印装质量热线：(010)81055316
反盗版热线：(010)81055315

目 录

修订序　vi

前言　vii

图表关键词　viii

1 速度的本质 ………………………………………1

2 速度的技术模式 ………………………………19

3 直线速度的技术训练 ………………………31

4 速度的评估 ………………………………………61

5 发展运动专项中的速度素质 ………………79

6 运动专项的速度训练 ························89

棒球 ···································90

篮球 ···································100

美式橄榄球 ·····························115

冰球 ···································135

英式橄榄球 ·····························145

足球 ···································156

网球 ···································170

径赛项目 ·······························187

参考文献　195

关于美国国家体能协会　203

关于编者　204

关于撰稿者　205

关于译者　208

修订序

《美国国家体能协会速度训练指南（修订版）》原名《速度训练：理论要点、动作练习与运动专项训练计划》，于2018年首次出版。本书以科学、系统、全面的速度训练知识体系为基础，一方面详细介绍了与速度训练密切相关的理论知识；另一方面围绕发展运动专项中的速度素质，进而有效提升运动专项水平，给出了涵盖多种运动专项的针对性速度训练方法。因此，本书受到了广大读者的认可。

为了进一步突出本书是由美国国家体能协会联合众位运动科学专家与教练编写的权威性和专业性，直观地呈现书籍定位和特点，在本次修订中将《速度训练：理论要点、动作练习与运动专项训练计划》更名为《美国国家体能协会速度训练指南（修订版）》。

此外，由于旧版图书在内容表达上尚存在一些不足，本着严谨求实、对读者负责的态度，对书中内容进行了修订。修订后的书籍，内容更加准确，也将更加方便读者使用。

最后，如本书仍有疏漏或尚需改进之处，敬请同行专家以及广大读者指正。

2019年1月

前　言

当问及运动员最希望提高哪方面的运动技能时，他们的回答通常是冲刺速度。因为速度通常是区分一名优秀的运动员和一名良好的运动员最重要的因素。足球前锋利用速度击败对方的后卫，然后射入制胜一球；网球运动员迅速跑动打斜线球从而赢得比赛；或者橄榄球外接手摆脱防守，然后触地得分赢得比赛，这些都是凸显速度在运动中的重要性的例子。基于这一重要性，跑动速度测试在运动评估方案中具有举足轻重的作用。同样，具备速度优势的运动员在各种运动中都备受追捧。

长期以来，速度被认为是由遗传基因决定的，想要提高是不可能的。然而，这种观点已经被证明是错误的，尽管基因决定了运动员的最大速度的上限，但速度也是可以通过训练提高的。如果运动员遵循一个精心设计、科学的训练计划，他们可以提高跑动速度。本书为教练和运动员提供了提高速度的工具。更为重要的是，本书汇集了世界权威的速度训练理论，以及针对运动专项的应用。这些信息能够让教练和运动员优化速度训练计划，从而使运动专项速度最大化。

本书提供了与速度相关的背景知识以及实际应用的组合。书中不仅包含了丰富的训练方法，还提供了帮助教练和运动员理解速度训练应如何应用和为什么要包括特定的训练和练习等这类信息。这让教练和运动员更好地采用这些训练方法，以满足他们的特定需要。这些信息帮助教练和运动员理解每一个练习的目的，以及指导他们选择侧重于纠正专项技术缺陷的练习。

本书另一个重要的方面是速度训练在运动专项中的应用。田径速度训练模式强调一般性速度发展，而运动中发展速度的关键要素是如何更好地提高向运动表现本身转移。因此，本书的大部分章节探讨的是如何在运动专项中提高运动员的速度。这其中包括如何创建一些可以提高速度的训练项目，而接下来是对于某些运动专项如何有针对性地提高速度。

图表关键词

▲ 圆锥筒

〜 栏架

▮ 标志杆

⟶ 冲刺或运动员移动

----➤ 侧向滑步

········➤ 后退跑

∿∿➤ 向前滑行

⌒⌒➤ 向后滑行

-·-·➤ 击球或传球路径

∿∿∿➤ 运球

X 运动员的开始位置，防守队员或其他运动员

O 进攻队员

C 教练

CHAPTER 1

速度的本质

伊恩·杰弗里斯
（Ian Jeffreys）

在体育圈有句老话：速度是制胜的法宝。这强调了在长久以来速度被认为是许多运动中获得上佳表现的重要因素。在很多运动中，速度测试被广泛用来识别人才和评定运动表现，这进一步证明了速度的重要性。同样，速度快的运动员通常具有很高的价值，这也进一步强调了速度对高水平运动表现的价值。虽然速度曾经被认为主要是由遗传基因决定的，训练并不能显著地提高速度，但如今我们认识到一个精心设计、科学合理的训练方案能够提高速度。本书中所列的方案是经过验证的、值得信赖的、能够提高跑速的。

因为速度可以通过科学合理的方案得到加强，所以教练和运动员必须对速度影响的因素有基本的认识，以便最大限度地提高训练的效率。本章提供了有效的速度表现背后的一般性科学知识，帮助教练和运动员将这些信息融入他们自己的训练中去并做出明智的决定。有了这些知识，无论他们是从事何种运动以及他们的能力如何，教练和运动员都能够从本书中选择有用的部分，运用到他们自己的训练中。为了理解训练的科学概念，他们也可以调整实践内容，为不同的训练提供理想的训练环境。

速度的定义

在讨论提高跑速前，我们必须知道速度是什么。用科学的术语来说，速度等于距离除以时间，通常是以米／秒来衡量。然而，用运动表现的术语来说，速度被认为是奔跑一定距离所用的时间。事实上，大多数对运动表现通过奔跑一定距

David Saffran/Icon SMI

拉菲尔·纳达尔（Rafael Nadal）有着出色的比赛速度，横跨场地回击只需数秒。

离所用的时间来衡量，而不是用实际速度来衡量。这种微妙的差异将有助于建立运动专项速度发展方案。

尽管基本的跑动速度在许多运动中都是影响运动表现的一个重要方面，但同样重要的是，将这种能力在运动环境中表现出来，即比赛速度（Gamespeed）。比赛速度就是速度在运动专项中的应用，可以使运动表现最大化。在设计运动专项速度发展方案时，必须考虑到典型的跑动距离、跑动的方向、触发动作的信号以及不同运动中运动员在某个点需要做的动作等方面。这些方面以及评估运动速度需求的体系将会在第 5 章中讲到，将这个体系运用到运动专项中将会在第 6 章中讲到。

速度发展的潜力和限制

虽然速度可以被提高，但并不意味着每个人都能成为短跑冠军。基因仍然决定了运动员能够达到最大速度的上限，因此限制了绝大多数人成为奥运会 100 米短跑冠军的能力。然而，尽管存在这种上限，但是很少有人能够真正达到他们的上限。顶尖的短跑运动员在职业生涯中不断地提高他们的速度就是很好的证明。如果顶尖的短跑运动员通过专门的速度训练后，还不能完全释放基因的潜能，那么其他运动项目的运动员达到他们速度上限的可能性就更低了。因此，大多数运动员都有提高速度的巨大潜力，速度发展方案对任何运动表现提升方案来说至关重要。希望随着速度训练方法的改进能够有越来越多的运动员使用这种方法，从而接近他们的上限，释放速度的全部潜能。

限制运动表现的主要遗传性因素包括肌肉纤维的类型、激活程度、运动员的体型和身体结构。伟大的短跑选手拥有大量的快肌纤维。快肌纤维能够产生更大的力量和更快的收缩速度，但是在抗疲劳的能力上不如慢肌纤维。显然，一名运动员的快肌纤维越多，他能够达到的速度就越快。

这一事实进一步强调了快肌纤维有两种主要类型：IIa 型和 IIx 型。IIx 型纤维产生力量和快速收缩的能力最大，但耐力却非常有限。IIa 型纤维同样有很强的产生力量和快速收缩的能力，尽管没有 IIx 型纤维那么强，但它的耐力却比 IIx 型纤维好很多。优秀的短跑选手有着高比例的 IIa 型快肌纤维和高比例的 IIx 型快肌纤维。尽管运动员的肌肉纤维类型的比例在出生时就决定了，但是训练可以改变肌肉纤维的特点和激活它们。例如，长期的耐力训练可以让 IIx 型纤维具有 IIa 型纤维的特点，IIa 型纤维具有 IIx 型纤维的特点。两种效果都会降低肌肉产生力的能力，特别是关系到力被应用的比例。另外，长时间的抗阻训练，特别是强调慢动作的训练，能够导致肌肉纤维在 IIa 型纤维和 IIx 型纤维之间发生转换。

运动员能否有效募集 II 型肌肉纤维（尤其是 IIx 型纤维）也很重要。未经训练的运动员通常只能募集有限的 IIx 型肌肉纤维，通过高强度、高速度或两者都进行的训练可以提高募集 IIx 型纤维的能力。因此，速度发展方案应该包含高强度的抗阻训练以及爆发性的动作练习。

另外一个影响速度的重要遗传性因素是运动员的身体结构。肢体长度（手臂

安德鲁·麦卡琴（Andrew McCutchen）的速度是遗传基因和训练的共同结果。

和腿长）很大程度上决定了快速移动的能力，这些肢体的长度取决于骨骼长度和肌肉连接骨骼的位置。这意味着一些人天生就适合快速运动，而其他人却不适合。这个因素也是受遗传性限制的。

虽然遗传性限制为速度能力设立了理论上的上限，但速度发展方案的重点就是提高这种能力，特别是它与运动表现的关系。因此，重要的是看速度的哪些方面可以被提高。这就要求运动员和教练审视跑动速度的本质，并确定通过训练可以提高的因素。这样，运动员和教练就可以专注于这些能够改变的因素，从而成为速度发展方案的核心。

尽管本书的重点是谈论如何发展运动专项的速度，但是基本上没有人做过速度是如何在体育运动中直接表现出来的研究。然而，对田径运动中直线速度的测量已经做过很多科学研究工作。为此，我们将研究冲刺，目的是应用到运动中的速度发展。冲刺的目标是尽可能快地从一个点水平移动到另一个点。因此，产生水平速度至关重要。这需要产生一个冲量（冲量等于作用力乘以力作用的持续时间）让身体水平移动，并最大限度地提高动作的有效性。

冲刺有两种理解方式。以一种训练思维来看，冲刺是一种精密协调的运动技能，强调动作高度的协调性。另一种看法是，冲刺是一种弹射活动，通过一系列的肌肉发力，将身体向前弹射出去。这两种看法虽然可能截然相反，但都是正确的。冲刺依靠熟练的动作，也依靠弹射力量。因此，速度训练是多维度的，必须涉及一系列活动以解决影响速度的所有因素。发展速度最伟大的技能之一就是在一个特定的时间段内选择最能满足运动员需求的活动，并将其整合协调为行之有效的训练方案。

决定跑速的因素

决定跑速的两个因素是步频和步幅。步频是指每秒跑的步数，步幅是指每跑一步的距离。这两个因素的乘积给出了对跑速的数学精确描述。传统的思想认为，如果其中一个因素保持不变，另一个因素提高，那么跑速就会提高。因此，速度训练的重点就是提高步频或步幅，或者两者都提高。然而，近年来的研究表明，虽然这些因素在决定跑速方面起着重要作用，但在发展速度训练方案时提供给教练的工具可能很有限。

特别是步幅的概念，传统步幅测量的方法是两脚接触地面的距离，这种方法是有问题的。过分强调人为地延长运动员的步幅会导致其重心位置在脚的前方。这种姿势阻碍了运动员产生力的能力，最终降低了跑速。相反，有效的步幅应该位于中心。这是指运动员每迈一步身体重心移动的距离。有效步幅是通过运动员向地面施加作用力（推离地面），从而推动身体向前运动，而不是往前伸腿，试图把身体往前拉动。运动员产生力的能力是获得最佳步幅、最大速度的基础。

步频与触地时间（每一步停留在地面的时间）和腾空时间（每一步停留在空中的时间）密切相关。研究表明，不同速度的跑者腾空时间差异不大，频率最高的差异是接触地面的时间（Weyand et al., 2000）。因此，要提高步频，重要的是缩短接触地面的时间，而不是更快地蹬腿。

步幅很大程度上与离地过程中产生的冲量与速度相关。决定步幅的关键因素是运动员的重心在连续步伐中不会发生改变。就像冲量一样，它是由运动员的脚在接触地面期间产生的（支撑阶段）。因此，在腾空阶段，即人体与地面不接触的时段，通过技术训练的手段提高步幅的努力是有限的，相反应着重于运动员在接触地面时产生的冲量和速度。

对于步幅和步频的讨论需要对跑步的步伐阶段进行分析。每个跑步步伐都可以分为两个部分：支撑阶段和腾空阶段。这两个阶段如图 1.1 所示。支撑阶段发生于运动员的脚与地面接触，从脚接触地面开始，到脚趾离开地面结束。

支撑阶段可以进一步分为支撑初期、支撑中期和支撑后期。在支撑初期，当脚与地面接触时，运动员的身体吸收落地的作用力，根据冲刺的速度和距离不同，

图 1.1 跑步步伐包含 3 个支撑阶段：a. 支撑初期；b. 支撑中期；c. 支撑后期；以及随后的 d. 腾空阶段

这个作用力介于运动员体重的 2.5 ~ 5 倍。腿部肌肉通过拉长肌肉离心收缩的方式吸收落地的作用力。除非运动员具备的力量能力和肌肉硬度能够有效地抵抗这种作用力，否则就有可能导致明显的制动力，在这个阶段，运动员可以产生对之后阶段有帮助的弹性能量。在支撑中期，运动员从吸收作用力转换为产生向心力，此时会缩短肌肉并产生最大的垂直力。支撑初期产生的弹性能量有助于支撑中后期力的产生。在支撑后期中，由于向心力的产生，身体向前加速。

腾空阶段是从脚趾离地到下一个足部落地的时期（见图 1.2）。在这一阶段，运动员与地面不接触，所以本质上是在腾空。速度在腾空阶段是无法增加的，运动员必须轮转腿，为下一步落地做好准备。如果运动员不能够有效地轮转腿，那么在下一阶段时他就不能以最佳姿势落地，从而限制了速度。因为只有当运动员的脚与地面接触时才能推动身体前进，所以支撑阶段应该是速度发展方案关注的重点。

图 1.2 最大速度时的冲刺技术。在这个图解中，运动员的左右脚显示了跑步冲刺的几个阶段：(i) 腾空初期；(ii) 腾空中期；(iii) 腾空后期；(iv) 支撑初期 和 (v) 支撑后期

［图片来源说明：Adapted, by permission, from G. Schmolinsky, 2000, *Track and field: The East German textbook of athletics* (Toronto: Sport Books), 122–123.］

速度的生物力学

我们已经讨论了水平推进力是如何在支撑阶段产生的。现在我们要看看控制运动和力产生的规则。生物力学是研究力和力对于生物系统的作用（McGinnis，2005），因为力决定运动，因此对生物力学基本原则的理解有助于教练和运动员

提高跑速。

因为速度涉及了运动，所以为了使训练效果最大化，速度训练应以科学的运动原则作为指导。在 1687 年，英国科学家艾萨克·牛顿爵士出版了著名的 *Principia* 一书。该书是以当时的科学语言拉丁文出版的，书中包含了牛顿提出的三条运动定律，其基本原理至今仍然适用，这对理解速度发展的训练概念有很大帮助。牛顿的三条运动定律——惯性定律、加速度定律、作用力和反作用力定律——解释如下：

▶ **定律 1：惯性定律**。任何物体都要保持匀速直线运动或静止状态，直到外力迫使它改变运动状态为止。

▶ **定律 2：加速度定律**。物体运动状态的改变与施加在物体上的作用力成正比，运动方向与施加的作用力的方向相同。

▶ **定律 3：作用力和反作用力定律**。相互作用的两个物体之间的作用力和反作用力总是大小相等，方向相反，作用在同一条直线上。

最初，这些定律似乎过于科学，乍看起来对速度训练没有任何意义。事实上，当更仔细地研究时，这些定律在计划有效的速度训练时起着至关重要的作用。理解这些定律以及它们的作用将会帮助教练和运动员在速度发展的许多方面能够做出明智的决定。

根据牛顿第一定律，每次运动启动或发生改变时，必须施加一个作用力。拿跑步速度来说，这个力来自运动员身体内部肌肉的运动，因此，运动员任何时候想要开始移动或者改变运动（如加速、减速或改变方向），必须施加一个力。没有施加的力，运动就不能启动或改变。方向或运动量的变化称为加速度，因此任何加速度都需要施加力。

这就引出了牛顿第二定律：物体运动状态的改变（加速度）与施加作用力的大小成正比。这是一种因果关系，力直接导致加速度。当设计速度训练方案时，

译者注：*Principia* 一书的全称是 *Philosophiae Naturalis Principia Mathematica*，中文翻译为《自然哲学的数学原理》，是英国伟大的科学家艾萨克·牛顿的代表作，在物理学、数学、天文学和哲学等领域产生了巨大影响。

这是运动员和教练需要了解的重要信息之一：加速度的大小取决于施加的作用力。牛顿第二定律公式如下：

$$作用力 = 质量 \times 加速度$$

就跑步而言，运动员的质量可以假定是不变的，加速度直接取决于作用力，并与其成正比。所以，运动员快速有效地产生力的能力至关重要。需要多大的力取决于运动的任务或要做的动作。因此，运动员应该对不同的动作模式进行针对性的训练。

这也提出了另一个对长期速度发展的重要因素：质量，也就是运动员的体重。质量增加就要求更大的力来获得加速度。因此，运动员在进行抗阻训练时必须确保体重的增加与力量的增加相匹配。增加肌肉体积但没有提高产生力的能力，这并不能提高加速的能力。发展速度的力量训练应该注重提高产生力的能力，而不是增加肌肉体积。

牛顿第三定律的核心信息——相互作用的两个物体之间的作用力和反作用力总是大小相等——在跑步时表现为运动员向地面施加的力，这个力有一个同等大小的反作用力，推动运动员向上和向前运动。这说明了作用力的方向和作用力的大小对于速度来说同样重要。作用力施加的方向和接下来运动的方向相反。因此，只有当作用力的大小和方向都是最佳时，速度才能最大化。

综合考虑这三条定律，我们可以看出，地面的作用力很大程度上决定了加速度和跑速。因此，提高地面的作用力应该成为所有速度训练方案的主要焦点。

加速度和最大速度

加速度和最大速度是速度发展方案中常用的术语。在设计方案时，区分这两个概念很重要。这使教练可以把训练目标放在运动中最重要的能力上。加速度是速度变化率，或者说是运动员能多快地提高运动速度。最大速度就是运动员能够达到的最高的速度。

加速度指的是速度，因为速度既有大小又有方向。运动员改变运动的大小（他们跑得有多快）、改变运动的方向或两者都有变化时，加速度就会发生变化。就跑步而言，无论身体何时启动、提高速度或改变方向时，都是在加速。考虑到大多数运动中运动员需要改变方向和改变速度的次数，显然加速度对于许多运动中的速度表现起着至关重要的作用。需要进一步强调的是高水平的短跑运动员直到跑至 60 米才会达到最大速度，而对于场地运动项目的运动员达到最大速度的距离普遍偏短，但对于绝大多数运动员仍需一段相当长的距离达到他们的最大速度。考虑到一些运动项目需要跑动的距离以及其他项目场地大小的限制（如网球和篮球），对这些运动项目而言，加速度或许比最大速度更重要。

然而，如第 2 章所表明的那样，最大速度依然在运动中起着重要作用，因为运动员依然可以在相对较短的距离尽可能地达到最大速度。国际田联的数据显示，在北京奥运会 100 米决赛中，尤塞恩·博尔特（Usain Bolt）在 10 米时达到他最大速度的 73%，20 米时达到 85%，30 米时达到 93%，40 米时达到 96%，60 米时达到最大速度。因此，对大多数运动项目来说，训练中仍应包括发展最大速度的练习，但最大速度和加速度的训练时间应该依照两者在具体运动中的重要性而定。

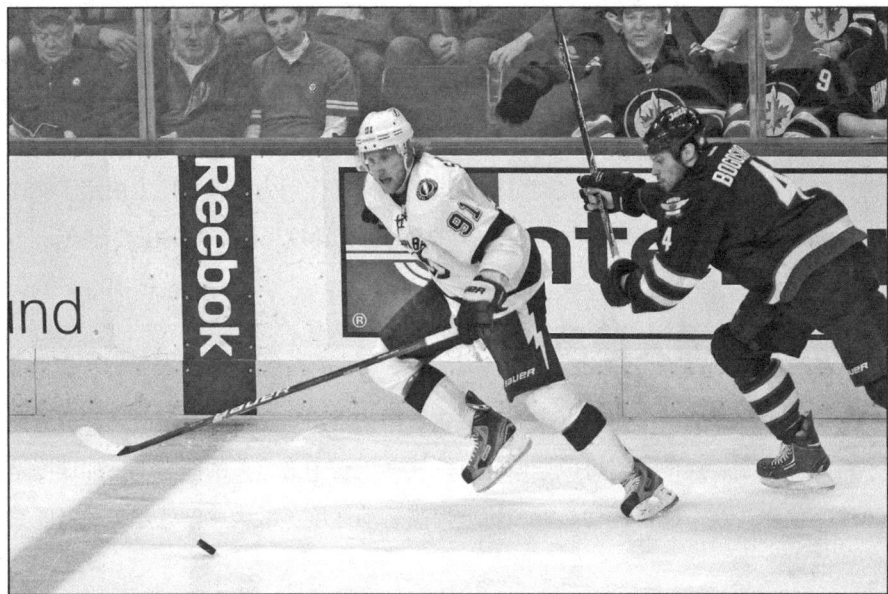

尽管受到冰球馆场地大小的限制，无法达到最大速度，史蒂文·斯塔姆科（Steven Stamkos）利用他的加速能力依然能够超过对手。

尽管加速度和最大速度是两种不同能力的体现，但加速度是运动员试图达到最大速度的一个过程。因为这个原因，加速度的过程贯穿整个阶段。在初始阶段，运动员的速度低，因此增加速度的空间很大。这是纯加速阶段，在径赛项目中通常被称为推进阶段。然而，随着奔跑距离的增加，运动员逐渐接近他们的最大速度，这被称为过渡加速阶段。例如，博尔特在 30 米时达到他最大速度的 93%，在 10 米时他只达到 73%，因此，随着奔跑距离的增加，进一步加速的能力降低。同样，加速度的关键技术指标在这些阶段也不同。

重力和作用力

除了运动定律，牛顿留给我们的科学遗产中还有一条对速度提升有着重要影响：重力定律。无论是什么运动，运动员都受重力影响，重力导致一个朝向地面的每秒 9.8 米的加速度。正如我们之前讨论的，冲刺与最大水平冲量有关。然而短跑选手也需要保证施加一个足够大的垂直方向的力以克服重力，从而创造足够的时间为腿有效地迈出下一步做好准备。

因此，理想中的力的大小就是：一部分是一个充分的垂直方向的力，这个力能够使腿重新定位，剩下一部分就是水平方向的冲量。在实际情况下，合力中的水平方向的力和垂直方向的力并不可以单独改变。因此，合力的方向取决于运动员的身体姿势、施加的所有的力以及参与的肌肉。

触地时间

因为作用力是跑速的基础，也因为运动员只有在与地面接触时才能产生作用力，所以我们要测试运动员在纯加速、过渡加速和最大速度过程中的触地时间。触地时间最长的是纯加速阶段（约为 0.2 秒），过渡加速阶段逐渐下降（在最后的过渡时期约为 0.12 秒），最大速度阶段进一步下降至 0.09 ~ 0.1 秒。触地时间对运动员产生力的能力有很大的影响。由于冲量是作用力乘以其作用时间，当触地时间减少时，净冲量也相应减小。因此，在加速过程中，更长的触地时间可以产生更大的冲量，因此力可以被作用于垂直和水平方向。

然而，随着速度的增加以及触地时间的减少，运动员需要施加更多的垂直方向的力来克服重力，水平方向的推进力也就相应地减少了。当触地时间短到一定程度时，所用的力都需要用来克服重力，在那个时候，没有任何多余力能够作用于水平方向的推进力。在那个时间点，运动员不能继续加速，也就是达到了最大速度。

如之前提到的，步幅和步频是影响跑速的两大因素。整体的步频与运动员的触地时间密切相关，步幅也与运动员着地时产生的冲量有关。因此，速度的一个关键要素可能是更短时间内产生更多力的能力。速度更快的短跑运动员比速度更慢的短跑运动员的触地时间更短，这表明他们发挥力的能力更快。这要求发展运动员恰当的力量和爆发力特征，包括最佳的肌肉硬度，以及离心与向心力的能力。

短跑运动员缩短触地时间的能力在一定程度上是由于他们能够尽早地结束支撑阶段，这样他们就能高效率地交换腿。尽早地结束支撑阶段可以表现在加速跑和最大速度跑的时候。这似乎可以通过在支撑阶段完成前就开始髋关节的屈曲。另外，这需要膝关节和踝关节具备高水平的刚性以便快速吸收落地时的离心力，快速激活拉长－缩短周期（SSC）和随后产生的向心力。

尽管运动员在支撑阶段施加冲量，但腾空阶段在力的产生上也起着重要的作用。在高速度时，运动员必须快速地摆动腿为下一个支撑阶段做准备。随着触地次数的减少，运动员必须产生更大的垂直方向的力来克服重力，这就变得更加重要。腿的快速交替摆动需要髋关节、膝关节和踝关节的屈曲，这就缩短了杠杆并迅速恢复摆动（轮转腿到下一个支撑阶段）。这种能力需要适当的技术训练才能得以发展。

作用力的方向

因为水平和垂直方向的力无法分开，所以运动员需要产生能够反映各自相对重要性的力。达到这一目的的一个主要方式就是通过姿势。运动员在冲刺时姿势的改变是由所需要力的方向决定的。在初始阶段动量很小，因此运动员需要产生向前的动量。这就需要施加于水平与垂直方向的力克服重力的影响。在加速的初始阶段，水平与垂直方向的力均匀分布，以产生一个 45 度的前倾角（见图 1.3）。在这个时候，理想的奔跑技术包括类似于活塞式的运动，同时产生推动水平与垂直方向的力。在第 3 章加速技术练习中将介绍如何提高这个类似于活塞式的运动。

　　然而，随着运动员接近最大速度，他们已经产生了相当大的水平方向的动量，此时的主要任务就是克服重力，让腿高效地摆动。在这种情况下，合力主要是水平方向的（见图 1.4）。作用力的方向和最佳姿势将会在第 2 章中详细介绍。在第 3 章中讲到的最大速度技术练习的目的就在于培养这种垂直技术以及加快摆腿的速度。

图 1.3　初始加速的姿势

图 1.4　最大速度的姿势

优化力的发展

牛顿定律明确地强调了力在最佳加速度和最大速度中的重要地位。接下来，我们看看如何优化运动员发展力的能力。（本书无法探讨力产生的各个方面，专门讲解力量和爆发力的书有详细的介绍。）

在跑步中，只有当脚在地面上时，才可以施加力，所以它总是在有限的时间下起作用。这对于分析提高跑速力的需求是至关重要的。力与速度的关系显示，更大的力需要相对更长的时间来施加，当时间被限制时，就无法达到最大的力。在这种情况下，跑速不总是由运动员产生最大力的能力决定的，而是在一定时间内施加多少力决定的。因此，速度取决于一种被称为力的发展速率的能力。

在加速的初始阶段，触地时间相对较长（约为 0.2 秒；见图 1.3 和图 1.5），然后逐渐下降，直到运动员达到最大速度（约为 0.1 秒；见图 1.2 和图 1.4）。在这种情况下，运动员产生最大力的能力对初始加速有着重要影响，随着奔跑距离不断地增长，力的发展速率以及储存和使用弹性势能的能力（拉长 – 缩短周期）也变得越来越重要。

最大力的增长、力的发展速率的提升和拉长 – 缩短周期能力的提高都需要不同的力量训练阶段的训练，当在设计速度发展方案时这些都要考虑到。然而，所有的这些因素都可以改善，这就意味着大多数运动员跑步速度提升的空间巨大。

在全速短跑时，力首先从髋产生，然后是膝关节，最后通过踝关节。这个动作通常被称为三重蹬伸。因此，提高运动员三重蹬伸能力的训练在发展速度和加速度方面会发挥重要的作用。深蹲、奥林匹克举这类的练习以及罗马尼亚硬拉这类伸髋练习是构成为提高速度的力量与爆发力方案的基础。

图 1.5 在加速阶段，运动员与地面接触时间最长

［图片来源说明：Adapted, by permission, from G. Schmolinsky, 2000, *Track and field: The East German textbook of athletics* (Toronto: Sport Books). ］

随着速度的提高，运动员首先需要吸收落地的力，然后再转化这些力，本质上就是从地面反弹。在跑步过程中，运动员最初触地时会产生一个制动力，运动员的力量在很大程度上决定了这些力被吸收的程度。制动力的大小与短跑的阶段以及运动员的速度有关。需要强调的是，在全速短跑时，地面和肌肉的支撑力可以超过运动员体重的 2.5 ~ 5 倍，速度越快，这个数值就越大。

因此，运动员需要克服这些制动力并产生推进力，从而达到继续加速或者保持最大速度的目的。这些推进力是向心力、反作用力及基于拉长－缩短周期力的结合。在加速的初始阶段，向心力所占的比例最大，随着速度的提高，基于拉长－缩短周期的力将占主导地位。在这种情况下，腿部肌肉扮演着弹簧的角色。腿部肌肉越结实，这个弹性能力就越大，并且增加了膝关节和踝关节的稳定性，可以同时优化反作用力的产生和减少触地次数。快速伸缩复合训练可以通过提高运动员的拉长－缩短周期能力来提高这种弹性能力。

到目前为止，我们对力量和爆发力训练的讨论都聚焦在身体的下肢和地面作用力的产生。然而，身体的核心部分和上肢也有助于最大限度地提高地面的作用力，因此，能够有效地提高跑步的速度。手臂有效地前后摆动可以增强运动员对地面总的作用力。因此，在运动中增加这种力有助于在地面产生净力。一个稳定和强大的核心能够让力的产生、传递和应用得以最优化。这让力从身体传递到地面，而不会由于躯干不必要的代偿动作而损失能量或力。这强调了姿势对速度的重要性，正确的姿势和姿势控制是本书第 2 章的重点。

速度的技巧性

毫无疑问，地面作用力在速度提升方面起着重要的作用，也解释了为什么运动员在全速短跑中是由一系列爆发式步伐构成的。然而，提高运动员产生力的能力应该被视为提高速度的一方面。至关重要的是，力的能力可以转化为增强地面反作用力和提升速度。然而，尽管力很重要，但是短跑运动员不是在健身房里就可以练成的，他们必须确保在健身房里获得的能力能够转化到田径场上。

把速度看作是一种协调性的运动很重要。跑速和加速度都是一种技能，需要跟其他技能一样进行训练。协调性在速度中起着重要的作用。运动员应该学会如何有效地控制姿势和协调手臂与腿的动作，最大限度地提高对地面的力和步频，从而使跑速与加速度最大化。有效的技术通过恰当的杠杆与最大效率使步幅最优化，从而节省能量（短跑的关键技术见第 2 章）。

技能发展的过程

所有运动员学习技能都是通过三个阶段：认知阶段（泛化阶段）、关联阶段（分化阶段）和自动化阶段。尽管跑步似乎是一种天生的能力，但在任何运动场或田径场上看许多人的跑步动作就知道，跑步绝不是一项本能。如果他们想成为运动员的话，有效的跑步动作需要学习和反复实践。第 2 章和第 3 章主要介绍的就是跑步动作的训练。第 2 章介绍了跑步的技术要求，第 3 章介绍了掌握这些技术的训练方法。

为了使训练的效果最大化，了解运动员在不同阶段的特征和需求很重要。运动员需要在训练课以及计划中不断提升和打磨技术，直到他们能够在压力中也可以完成技术动作。

在认知阶段，运动员的任务是学习技术。在这一阶段，他们的动作通常是不协调的、生涩的、不一致的。因此，他们的精力必须全部集中在手头的任务上，这样他们训练的挑战性就相对有限了。由于刚开始训练时动作还不够稳定，所以像短跑比赛这样的次数应该得到限制，教练也需要密切监控，这样才不会影响技能的学习。

同样地，技术的练习应该强调运动表现的质量和速度，从而确保掌握正确的技术。此时，教练不应该教授太复杂的技术。表 1.1 总结了在认知阶段教练对运动员的教学指南（Jeffreys，2007）。

在关联阶段，运动员的协调性和一致性获得大幅提升。此时，练习的难度、速度以及竞技水平都具有挑战性。这个进程应该通过不同的阶段发展，并根据运动员的能力进行指导。当运动员训练表现不佳时，教练无须担心他们在退步。随着运动员的动作自动化程度越来越高，教练可以引入一些更具挑战性的练习，运动员在保证速度表现的同时能够阻抗外部因素的干扰。关联阶段的教学指南见表 1.1（Jeffreys，2007）。

表 1.1 每个阶段动作发展的指导要点

认知阶段	关联阶段	自动化阶段
着重发展技术	继续打磨技术，同时增加难度	养成能够在比赛环境中熟练运用技术的能力
主要着重于一般性速度能力	继续提高一般性能力，开始将此运用到比赛当中	注重速度在比赛中的应用，同时继续提高一般性能力，确保这些能力能够保持下去
进行有选择性、有针对性的技术练习（如手臂动作练习和推墙练习）	继续有针对性的练习，并在训练中增加更多的练习	重点是技术的应用，在热身及其他训练中运用这些练习来保持技术的能力
每个赛季重点练习几个技术动作	增加每个赛季练习内容的多样性	增加每个赛季内和赛季之间练习内容的多样性
针对某个技术进行大量非竞赛性的训练	增加竞赛性训练，但不以牺牲技术为代价	进行大量竞赛性训练
非疲劳状态下训练	非疲劳状态下训练	主要在非疲劳状态下训练，但引入一些具有挑战性的训练，培养在压力下高速奔跑的能力
通过使用演示和关键技术要点的提示以加深理解	通过适当地使用关键技术要点的提示以强化技术。按实际的需求使用演示	当出现问题时，通过关键技术要点的提示来强化技术
使用大量简单的反馈信息	减少反馈信息的数量，但提高反馈信息的准确性	反馈信息很少，但确保信息的准确性

［表格来源说明：Reprinted, by permission, from I. Jeffreys, 2007, *Total soccer fitness* (Monterey, CA: Coaches Choice). ］

经过大量的训练后，运动员将会进入自动化阶段，运动员的动作模式的质量会很好，并且能够连续保持运动状态。在这一阶段，运动员的动作模式会得到进一步发展与完善，他们的目标就是让这些动作模式更加完美，同时确保在紧张的比赛环境中能够持续有效地做出高质量的技术动作。该阶段的训练具有高强度和高难度的特点。教练的教授变得不那么频繁，但是很具体，需要运动员的准确反馈。表 1.1 总结了自动化阶段的教学指南（Jeffreys，2007）。

速度训练的关键元素

本章已经表明了速度依赖于运动技能与身体素质的发展以产生更加有效的地面反作用力。因为这些原因，速度发展方案应该包括三个关键要素。

▶ **身体素质的提高。**一个有效的速度发展方案必须提高运动员在全速短跑时肌肉组织产生力的能力。以下几点可能会对速度产生重要影响。

- 产生最大力的能力
- 力的发展速率
- 拉长 - 缩短周期的能力

▶ **技术能力的发展。**优秀的跑步技术有助于运动员利用自己的身体素质提高速度。技术训练的目的就是弥补跑步动作的缺陷。这种形式的训练应先分析运动员的表现，找出其不足之处，例如手臂动作、腿部动作等。

▶ **速度的应用。**运动员只有将跑速应用到比赛中，其技术和身体素质的提高才有意义。因此，问题的关键在于如何有效地将这些转化为比赛速度。这种转化需要运动员在比赛中有高质量、专项性的爆发式速度。尽管这看起来显而易见，但很多田径训练忽视了采用频繁的高速度跑的训练。因此，速度发展方案必须包括速度应用的训练，并考虑到某个运动项目中所有影响运动员表现的因素，例如初期加速、过渡期加速和最大速度。本书后面的章节将会介绍在具体的运动中如何应用速度。

这三个因素应该整合到一个速度发展方案中，忽视其中任何一个因素就不能产生最理想的效果。这些因素也应该因每个运动员不同的特点而进行量身定制的方案设计。有些运动员技术出众，但缺乏将这些技术发挥到极致的身体素质；有些运动员身体素质不错，但是没有发挥身体所有潜能的技术。因此，没有哪个速度发展方案对所有运动员都是最理想的，教练应该针对运动员的个体差异对方案进行调整。毫无疑问，教练和运动员对方案制定过程中的科学定律了解越多，他们就能针对自己的特定需求制定更合适的训练方案。

CHAPTER 2

速度的技术模式

杰里米·谢泼德
（Jeremy Sheppard）

正如第 1 章中讲到的，速度不是单一的个体，所以要理解全速短跑，必须把它分成几个阶段：加速阶段（包括纯加速阶段和过渡加速阶段）、最大速度阶段和减速阶段。这些阶段不但存在于径赛的全速短跑运动中，也存在于大多数运动项目中。这些阶段的相对重要性取决于不同运动项目对速度的专项性需求。全速短跑过程中这些阶段并不是单独的，一个流畅的过渡过程发生在两个阶段之间。然而，每个阶段都有其固有的特点，这些固有的特点构成了技术训练的基础（见第 3 章）。理解全速短跑的不同方面可以使教练加强对全速短跑中的生物力学的认识，从而提高运动员的运动表现。

关于全速短跑阶段的技术模式，田径运动全速短跑的原理和场地运动（如美式橄榄球、足球、篮球和网球等）的跑步原理的应用仍存在争议。这个争议主要集中在以下两点。

1. 跑道上冲刺（即直线冲刺）和运动场冲刺可能存在技术性的差异。
2. 最大速度在场地运动中的重要性。

本章将重点讨论这两点。然而，径赛的全速短跑模式可以为其他许多运动提供框架和参考。

场地运动的冲刺

虽然径赛中全速短跑是闭锁式运动技能（Closed Skill），但是场地运动需要反应性的敏捷能力。运动员必须在不断变化的环境中加速、减速和变向，以及在比赛中能够熟练地运用技术。此外，运动员在场地运动项目中必须有良好的视野，在对抗中使用不同的姿势，使用假动作欺骗对手，或者为可能的变向做好准备（Sayers，2000）。这些要求能使场地运动项目与100米短跑项目在技术上存在很多差异（Sayers，2000；Gambetta，1996；Gambetta，2007）。

有些教练坚信，既然径赛中的短跑技术与场地运动中的跑步技术不同，那么场地运动项目的运动员没有必要单独学习跑步技术，做好自己的运动项目就行。这忽略了一个明显的事实，即场地运动项目也都有跑步，而速度是这些运动项目最主要的组成部分。为了提高运动员的竞技能力，教练的目标应该是提高运动员快速奔跑的能力，或者说是冲刺能力，同时需要提高他们在比赛环境中冲刺的能力。

尽管径赛项目和场地运动的冲刺技术可能存在不同之处，但一些基本的冲刺原理是一样的。就部分场地运动项目的运动员而言，甚至比短跑运动员还要快

像威斯布鲁克（Russell Westbrook）这样的篮球运动员，利用速度和冲刺，以及其他动作（如切入这样的步伐）一系列的组合来创造突破上篮的机会。

Mark Halmas/Icon SMI

（Baker，1999），在比赛环境中，运动员提高冲刺的技术和身体能力很重要，这样能够帮助他们建立优势。尽管许多田径练习对于场地运动项目的运动员并不适合，但一些通用的练习和技术对于径赛短跑教练和体能教练在执教场地运动项目运动员是很有用的。

弗恩·甘比达（Vern Gambetta）认为，对于冲刺来说，最主要考虑的教学点是姿势、手臂动作与腿部动作（2007）。这三点是有效技术的基础，并根据运动员在加速、最大速度和减速阶段的姿势以及手臂动作与腿部动作的不同特点进行了讨论。对于指导训练来说，冲刺的动作可以分为体前技术和体后技术。体前技术是发生在身体前方的动作，体后技术是发生在身体后方的动作。每个都有不同的目标，教练应该把重点放在每个目标上。

场地运动项目的最大速度

场地运动项目的教练必须明白发展最大速度的重要性。一个共同的看法是场地运动项目保持最大速度的时间相对较短，所以最大速度相对不重要。然而，这种看法忽略了几个事实，这些事实说明最大速度对绝大多数运动员都很重要。

第一，出色的短跑运动员能达到很高的最大速度，因此，他们要达到最大速度需要跑动的距离更长。拿男子短跑运动员来说，他们通常需要跑 50 ~ 60 米才能达到最大速度。这从几方面来说可能产生误导作用。

▶ 因为顶级的短跑选手速度更快，他们在开始减速前能保持更长时间的加速状态。然而，场地项目的运动员也许在 30 ~ 45 米就很快达到他们的最大速度了。

▶ 无论运动员在冲刺时是在 60 米或 30 米达到最大速度，他们以最大速度跑动的距离只是他们已跑距离的一半。因此，在 30 米中，只有 15 米是运动员以接近最大速度跑的。

▶ 在场地运动中许多冲刺不是从静止状态开始的。因此，当运动员从慢跑状态开始冲刺时，他们达到最大速度所需的时间和距离将大大缩短，所以他们能够经常达到最大速度。

第二，最大速度越高的运动员，其速度变化率就越高，也就是加速能力越强。简单地说，最大速度更高的运动员加速更快，所以在 10 米或 20 米冲刺时他们比最大速度较低的运动员更快。

最后，更高的最大速度能让运动员在比赛中有效速度的持续时间更长。这是因为场地运动中冲刺的要求对于最大速度更高的运动员来说相对更低。例如，一名橄榄球运动员的最大速度是每秒 9 米，通常在一场比赛中需要 4 ~ 8 次达到每秒 9 米的最大速度，这对运动员的压力是很大的。然而，如果这名运动员的最大速度是每秒 10 米，他要在比赛中达到每秒 9 米的速度就没那么困难，因为他只要达到他最大速度的 90% 就可以了。

冲刺阶段的技术考量

合适的技术是基于对力学原理的理解，对提高最大速度非常关键。因此，发展有效的技术对于所有速度提升方案至关重要，并且发展技术模式应该成为训练

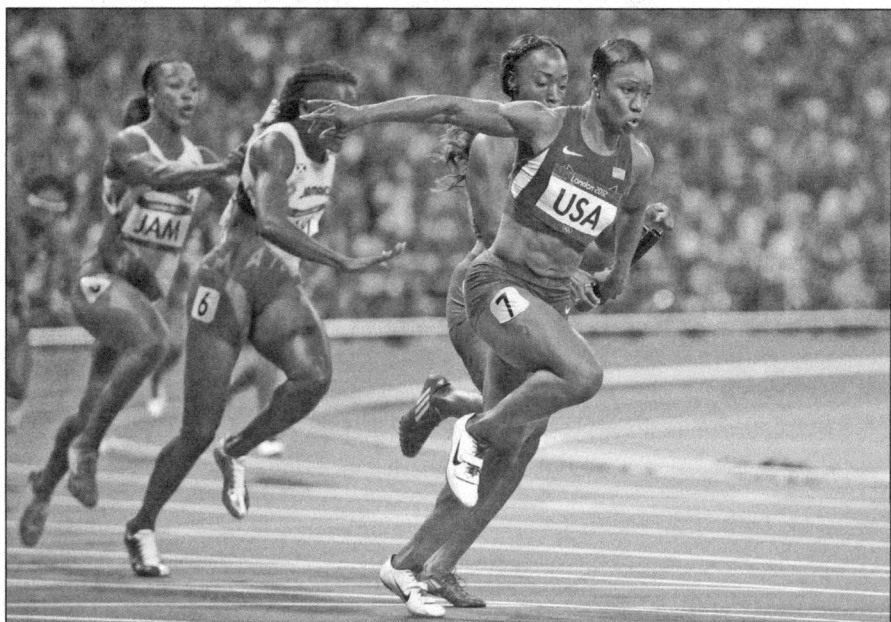

Rick Rickman/Zuma Press/Icon SMI

尽管田赛和场地运动的运动员需要在跑道外冲刺，但许多项目的运动员也能从美国女子接力队在 2012 年伦敦奥运会中展示的技术中获益。

和指导的基础。图 2.1 总结了冲刺在每个阶段的技术要点，第 3 章介绍了每个阶段关键技术的练习手段。

本章的目的在于加速与最大速度跑的技术模式，重点在于有效的直线冲刺技术。在采用这些技术模式时应该考虑到运动项目的专项需要，例如是否需要持棍或持球、场地条件及变向等。

加速阶段
- 在身体前方，手臂从肩上向前和向上摆动，与对侧摆动的膝关节同步。
- 在身体后方，手臂向后和向下摆动。
- 身体的倾斜角度在起始加速阶段最大，随着运动员跑速的增加，运动员向前倾的幅度减小。
- 加速阶段的重点是体后技术与推进动作，即向后与向下推进，手臂向下和向后摆动。当运动员加速到更高的速度时，技术有一个逐渐转变的过程（躯干向前倾斜，通过在体后的髋关节、膝关节与踝关节三重蹬伸的推进动作；手臂向前和向上摆动提供推进力）。
- 随着运动员不断加速，步幅逐渐变长，与触地时间逐渐变短。髋部抬升，躯干前倾角度不断变小，相对髋而言，膝关节抬升更高，并且在每一步中回摆腿的脚抬起一定高度。

最大速度阶段
- 跑步姿势呈直立姿势，头抬起，躯干伸直。
- 手在身体前摆动的高度要达到运动员脸部的高度，从肩开始向下和向后摆动，手肘完全伸展开，手臂到达身体后方。
- 肩膀放松，手臂从肩膀到髋部循环摆动。
- 回摆腿的脚踝（在步伐的摆动阶段）向前越过并高于支撑腿的膝关节（在步伐的支撑阶段）。
- 在身体前抬起膝关节，以使大腿与地面平行。
- 一只脚越过另一只脚在前方落地。
- 脚应通过前脚掌的趾骨球落地，脚趾离开地面时踝关节要完全伸展开。

减速阶段
- 运动员主要通过踝关节、膝关节和髋关节的屈曲来吸收地面的反作用力。
- 运动员通过身体轻微地向后倾斜，在任何后续动作之前回到运动姿势。
- 手臂动作帮助对反作用力的吸收，同时帮助运动员保持身体平衡和对身体的控制，以及为下个动作做好准备（变向和技术的执行）。

图 2.1 冲刺阶段的关键技术要点

加速阶段

在第 1 章中强调的加速度是速度的变化率，或者说是在一定时间内速度的变化。根据牛顿第一定律，在加速的最初阶段运动员要克服身体的惯性，从而进入运动状态。惯性指物体抵抗运动变化的程度，当物体静止时惯性最大。因此，启动需要很大的力，启动也取决于运动员的最大力量。

运动员在全速短跑时双脚都与地面接触，这就解释了在启动和加速阶段运动员最大力量和爆发力的重要性。这需要运动员通过伸展髋关节、膝关节和踝关节进行大幅度的动作伸展，以使腿在地面伸展。更强的运动员能够产生更大的力，在加速阶段能够更好地向前倾斜。这使他们能够使力处于一条直线上，对力的使用更为有效，使身体左右摆动幅度最小化，这有助于他们运用必要的力完成向前倾的推进动作。

在加速的初始阶段身体前倾角度是最大的。运动员的整个身体应该都向前倾，而不是腰部以上前倾（见图 2.2）。运动员前倾不是弯腰。加速越快，前倾角度就越大，因此，运动员在克服惯性开始启动后，随着身体前倾及跑步距离的延长，加速的增长率（The Rate of Acceleration）逐渐下降，当速度增快时身体逐渐直立。

图 2.2 从静止的启动开始的连续步伐，可以看出加速阶段身体向前倾斜的特征

从加速到最大速度阶段，身体逐渐过渡到更为直立的姿势，运动员的腿部与手臂的动作也应该做出相应的改变，并最终呈直立跑姿。随着躯干的抬升，髋部高度也相应提高，膝关节抬起的高度要高于髋部的高度，摆动腿（向前运动的腿）脚的高度都应该跟之前一样。这是一个向最大速度过渡的过程，并不会突然发生。教练不应鼓励运动员始终保持低姿态。在冲刺过程中，运动员的身体由向前倾到直立姿势，这种过渡不应该被限制。这在场地运动中更为突出，因为球员还需根据比赛做出其他的技术动作，保持低重心可能会妨碍他们做这些技术动作。

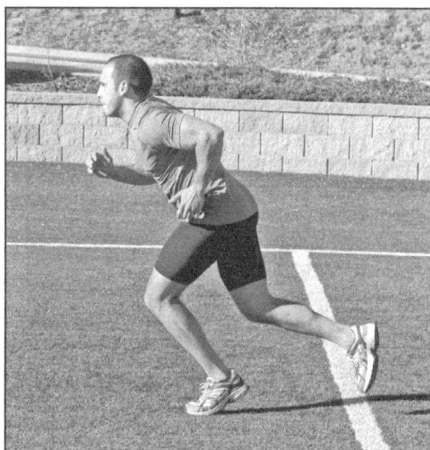

图 2.3 在加速早期的步伐中，蹬地时屈髋与屈膝

全速短跑的第一步非常快，但是步幅相对较短，有较长的触地时间。之后的每一步触地时间变短，步幅变长，直到最理想状况下，步幅在最大速度时达到最佳。在全速短跑的前几步，运动员向下和向后推蹬，支撑腿在落地时，屈髋屈膝（见图2.3）。运动员将腿向身体后方摆动，完全伸展髋、膝与踝关节，使腿部的推进力达到最大（见图2.4）。运动员通过三关节的伸展，从头到脚呈一条直线。

这项技术的基础就是，当脚与地面接触时，运动员的胫骨与地面成一个锐角，如图2.5a 中所示。随着运动员的加速，胫骨倾斜角逐渐变小，在最大速度时每一步几乎与地面垂直。在加速的初始阶段，如果运动员

图 2.4 运动员通过伸展髋、膝与踝关节，向前推蹬

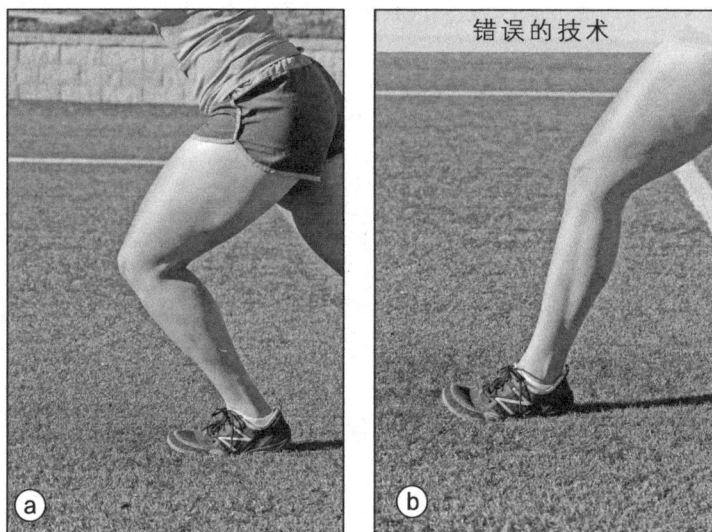

图 2.5　a. 运动员胫骨与地面形成锐角，这样能够提供最佳推动力；
b. 若胫骨与地面形成钝角，那么将阻碍加速

的胫骨与地面形成钝角，如图 2.5b 所示，这表明脚在身体的前方，从而导致向前的推进力不足，制动力太大。这意味着，运动员迈出第一步后，身体应该移动到支撑腿的前方，以正确的姿势再施加向下和向后的力。

在加速过程中，腿部动作的重点在身体的后方，形成向前的推进力。为了达到这个目的，运动员的身体必须向前倾，手臂向前摆动，提升身体高度。因为运动员是通过脚将力施加于地面的，手臂动作有时候得不到足够的重视。实际上，运动员要将力通过腿施加于地面上，手臂的摆动是不可或缺的，尤其是在加速阶段。不正确的手臂动作会导致其他冲刺技术的效果大打折扣。

在身体前方，手臂从肩向前与向上摆动的同时，另一侧膝关节向前摆动，这样能够为身体提供向上的升力。手臂应与肩关节几乎保持在一条直线上，这样手臂向下与向后摆动时能将力施加于地面上，此时运动员的手肘张开。

最大速度阶段

短跑教练佩尔西·邓肯（Percy Duncan）在总结最大速度时说："跑步是在地面上，而全速短跑是在地面的上空（Running occurs on the ground. Sprinting occurs over it.）。"这句话反映了一个有效的全速短跑的身体姿势，包括运动员在加速或接近最大速度时的姿势、手臂与腿部动作。当一名训练有素的运动员以最大速度奔跑时，身体在腾空阶段并没有太大的上下摆动，因此就像是在地面上空奔跑那样。

在腾空阶段，一名强壮和训练有素的运动员身体在上升的同时也是向前运动的。运动员的支撑脚正好在身体中线之前，髋、膝和踝关节略微弯曲（见图2.6a），通过支撑腿的力量和硬度为下一步提供支持。支撑腿的髋、膝和踝关节过度弯曲可能会导致运动员摔倒，这是糟糕的短跑选手的表现，需要身体训练来弥补技术上的缺陷。从图2.6b可以看出，支撑腿离身体太远，从而导致制动力大增，触地时间变长，冲量减小，从而降低了跑速。

在最大速度时，运动员支撑腿的髋关节、膝关节弯曲程度最小，这对髋部的抬升很重要。反过来，髋部抬高后可以使运动员的腿几乎完全伸展开（见第1章中的图1.2）。摆动腿的膝关节弯曲，脚踝背屈，摆动腿的脚踝从支撑腿的膝关节处越过向前迈出（如同踏过对侧腿的膝关节）。髋关节的屈曲使大腿在膝关节

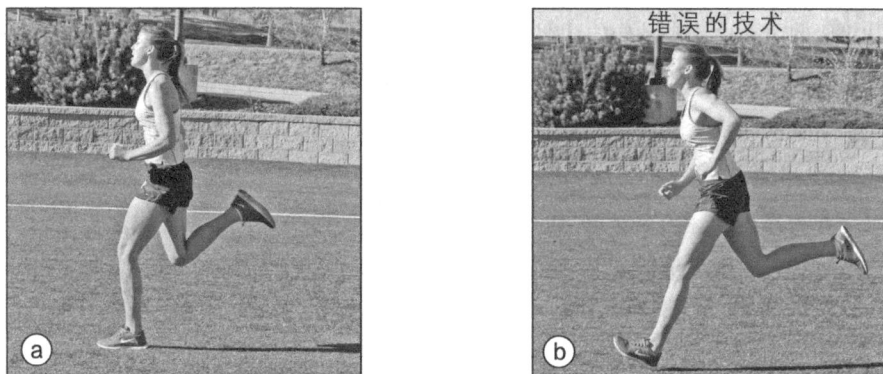

图2.6 a.正确的冲刺姿势，脚落地正好在身体中线之前；b.错误的冲刺姿势，脚落地离身体中线太远

和踝关节伸展之前到达平行于地面的位置，脚通过跖骨球着地正好在身体前方。摆动腿膝关节高度弯曲，使杠杆臂长度变短，这是产生高步频的关键。

当以最大速度奔跑时，运动员的躯干与地面垂直，头部昂起，肩膀放松。手在身体前向上摆动，到达下巴高度，然后再从肩膀高度向后摆动，手肘展开，至身体后方。

这个动作被形容成锤子钉钉子的动作。在最大速度期间，手臂通过肩膀与躯干的轻微旋转到达身体的中线，这种旋转与髋部旋转方向相反。为了使这个动作更为有效，肩膀必须放松。抬起的肩膀会限制它们的活动范围。

在加速过程中，旋转幅度逐渐增大，在加速初始阶段，髋部和肩部几乎没有旋转。髋部和肩膀的旋转（通过髋部的旋转运动）使运动员的脚交替向前迈步，从而创造最适宜的步幅。如果髋部旋转动作受限的话，那么将会减少运动员的步幅和每一步的爆发力，从而降低速度。

减速阶段

在场地运动项目中，减速对于变向和执行特定的技术来说非常重要（例如，接球手突然减速，以拉开与防守球员的空间，从而接到传球）。根据不同的运动项目，变向的策略也不同。例如，在英式橄榄球比赛中，持球推进球员可能在防守球员前减速进行切入的动作；网球运动员在横向移动中减速并完成击球。

为了使减速更为有效，运动员必须吸收力，主要是通过踝、膝和髋关节的弯曲来吸收。在做这个动作的同时，运动员的身体往后倾斜，与加速时相反。倾斜角度取决于运动员的初始速度。在身体减速动作时，肌肉处于高离心（拉长运动）负荷下，运动员需要控制减速的速率，是完全制动还是需要变向或执行其他技术的速度。

手臂动作继续与下肢动作的方向相反，帮助吸收力和控制身体平衡与重心。图 2.7 展示了运动员通过身体稍微向后倾斜和下肢弯曲（吸收力）来减速。尽管开始减速时身体是向后倾斜的，但运动员经常需要在减速后根据他们的运动任务做出技术动作，这就要求他们进入传统的运动姿势，身体向前倾斜。

大多数情况下，运动员减速的目的是立即施加一个推进力。例如，运动员需要先减速，然后再加速变向。简单地说，运动员必须先减少力（减速），然

图 2.7　a. 运动员开始时身体向后倾斜；b. 向运动姿势过渡；c. 呈减速后的运动姿势

后再产生力（加速），例如变向、跳跃、铲球等。能够有效地执行这些动作对于多方向速度和灵活性至关重要。

　　力的减小与随后产生的关键，如在变向前冲刺中减速，是利用离心收缩固有的拉长负荷。如果运用得好，离心收缩产生的肌肉拉长负荷可以极大地促进之后向心（缩短）收缩力的产生，这就是拉长－缩短周期（SSC），这能极大促进力的产生。拉长－缩短周期的功能受到肌肉拉长的比率、大小和负荷的影响，并且取决于离心收缩和向心收缩之间的一个短暂延迟。成熟的技术能够使运动员以一种很好的方式减速变向或者做其他技术动作。

　　当减速通过下肢吸收力时，运动员必须使用一系列动作，使肌肉足够拉长减少力量以触发拉长－缩短周期，因为拉长－缩短周期受拉长幅度的影响。然而，过度的弯曲会降低运动员产生向心收缩力的能力，从而影响肌肉拉长的效果，并增加离心收缩和向心收缩之间的延迟时间（见图 2.8）。教练应该指导运动员不要把重心降得太低，坐着跑就是一种不好的身体姿势。最理想的姿势取决于下一个动作的具体需求和运动专项。

　　为了加强对这个概念的理解，一个简单的方法就是从几种不同姿势垂直起跳。

运动员尝试以不同的重心高度垂直起跳，就能更好地理解这个概念。对于大多数运动员来说，重心下沉适中才能跳到最高，重心下沉很浅（肌肉长度变化最小，速度最慢）和重心下沉很深（肌肉长度变化最大，速度最快）之间。这个深度使拉长－缩短周期最有效，同时开始同心收缩，使肌肉产生力。

这个原则同样适用于减速时踝、膝与髋关节的弯曲程度。弯曲程度要足够大，否则无法抵消肌肉拉长产生的力，但弯曲程度也不能太大，不然身体不能在做下一个动作时有效发力。

图 2.8 运动员下肢弯曲幅度过大，从而不能产生足够的力实现变向

在减速和变向时，吸收力后再加速的身体能力通常称为反应力量。训练这种能力包括执行有效的减速和变向技术。安全地执行这些技术仅仅有腿部的力量是不够的，还需要对身体的控制和意识。考虑到敏捷性在许多运动中的重要性，以及需要应对许多非计划的任务（反应性的变向），这就需要身体吸收的力要比控制的计划内的减速及变向任务大得多。

直线速度的技术训练

杰里米·谢泼德

前一章介绍了跑步速度的技术要求，以及这些技术的基础生物力学原理。本章将介绍一系列的跑步训练和练习手段，帮助运动员掌握有效跑步的技术要求。必须认识到的是，进行跑步训练不等于直接提高跑步技术。跑步训练的目的在于强调一个或几个冲刺动作是整个冲刺训练项目的一部分。运动员只有持续正确地做出这些动作，他们的技术表现才会有明显提升。

和力量与爆发力的训练一样，特定的训练方法有助于教练提高冲刺技术，但训练方法的选择应依据每个运动员的不同需求。换句话说，这些训练方法是对冲刺训练内容的一种补充，以达到提高专项技术或身体能力的目的。如果教练无法选择正确的训练方法，那么这可能会影响运动员的训练效果。

教练应该根据运动员的需求（特别是运动员技术和身体方面的不足）、运动项目和运动的激烈程度来选择训练方法。例如，短跑运动员的运动表现是跑速决定的，所以运动员需要把所有的训练时间都用于对跑速的追求上，以便能最大限度地提高，并尽可能将技术达到最高水平。因此，他们的训练中可能包含大量的技术训练。场地项目的运动员在训练时间上除了短跑训练以外还有许多需求，因此这些运动员的训练应只注意能让技术与身体最大限度提高的方法。因为时间的限制（其他技术训练优先）和他们运动专项项目对体型的要求，场地运动项目运动员比短跑运动员进行技术训练的时间要少。

根据速度表现的专项目标，本章的训练方法大体分为四类：一般性训练、启动至加速初期训练、加速至最大速度训练和减速训练。然而，大多数情况下，训练强调的某个动作可能对冲刺的许多方面是共通的。指导的艺术和科学包含了分析运动员的不足和找出他们的需要，然后用最好的纠正技术来提高他们的表现。

一般性训练

这一部分的训练通常有两大目的：提高动态的动作幅度或教授某个技术。举个例子，高抬腿训练可以使运动员做出冲刺时的动作幅度，使运动员掌握冲刺时膝关节与手臂的位置，尤其是体前技术。对于径赛运动员和场地运动员来说，这些一般性训练是热身动作后期的一部分，在主要速度训练之前。因为重点是高质量地完成训练动作，教练应该强化正确技术性指导和结构性训练，使运动员的热身不用持续太长时间，从而保证运动员不会因疲劳而影响做出正确的技术动作。

站立手臂摆动

目标 这个普通的训练单独针对冲刺时的手臂技术动作，对手臂的技术动作进行了简化。

动作 运动员双脚平行站立或者双脚稍微前后分开。手臂以放松的节奏前后摆动4～8秒。手掌在身前向上摆动时到达下巴高度，手肘弯曲呈90度角，手臂从肩上向后摆动，手肘打开，手臂到达髋部后方。有些教练在进行这项训练时会在运动员的每只手上放上2～5磅（1～2千克）的重量。

跨步抱膝

目标 这个动作通常用在冲刺前的热身中，使运动员能在冲刺过程中将髋关节大幅度有效弯曲。

动作 运动员直立，面朝前方，把膝关节拉高到胸部，膝关节和髋关节完全弯曲，支撑腿的膝关节完全伸直（见图3.1）。在抬起的腿下落后，大力蹬向地面。然后，运动员再用另一侧腿做这个动作。

图 3.1 跨步抱膝

高抬腿弓步

目标 这个动作的目的是使运动员能在冲刺过程中，髋关节做出大幅度的动作。高抬腿使髋关节到达较高位置，较深的弓步让髋关节完全伸展开。

动作 运动员直立，面朝前方，向前和向上抬起一侧膝关节，髋关节和膝关节弯曲，使大腿与地面平行，做出一个冲刺的摆臂姿势（见图3.2a）。支撑腿的脚尖撑地，在高抬腿的过程中注重支撑腿的髋、膝、踝关节的伸展。运动员保持抬膝的姿势，通过支撑腿的脚跖骨球撑地并保持平衡，然后再向前放下腿，呈一个深弓步的姿势（见图3.2b）。运动员回到起始姿势并重复做这个动作。

a. 高抬的膝关节和伸直的支撑腿

b. 深弓步

图 3.2 高抬腿弓步

高抬腿

目标 这个训练的目的是提高运动员冲刺时体前技术的协调性，经常用于热身或技术学习的过程中。

动作 高抬腿训练分为几种类型，包括军步高抬腿（Marching As）、跳跃高抬腿（Skips）和奔跑高抬腿（Running As）。这几种训练的不同之处是在练习高抬腿时的速度。这个训练可以用于学习冲刺时的节奏、膝关节抬升的高度和腿摆动的速度。在练习（军步、跳跃和奔跑）高抬腿时，运动员抬起膝关节的节奏也可以不一样，教练可以从这几个类型中做出选择。例如，运动员只用一侧的腿练习高抬腿，或者双腿交替高抬腿，也可以每两步高抬腿一次，或者每三步高抬腿一次。

军步高抬腿 军步高抬腿动作相对较慢，强调膝关节抬起的高度和支撑腿的完全伸直。运动员站立，面朝前方，双腿向前步行。引导腿的膝关节高抬，使大腿与地面平行（见图3.3a）。运动员同时使用相应的手臂动作，注意手臂须完全弯曲。当手臂摆动到身体前方时，手掌的高度应该到达下巴；当手臂向后摆动时，手掌应该到达髋部后方。当手臂到达身体后方时，手肘稍微打开。

跳跃高抬腿 运动员使用军步高抬腿中介绍的相同技术。在高抬腿过程中，支撑腿交替跳跃，并保持同一节奏（见图3.3b）。运动员的跟进腿完全离开地面，伸展程度要比军步高抬腿时大。

奔跑高抬腿 运动员双腿快节奏地交替做高抬腿动作，注重膝关节的高度、快速的节奏和腿用力蹬向地面。支撑腿完全伸展开，运动员完全腾空，高度高于之前的军步高抬腿和跳跃高抬腿训练（见图3.3c）。

  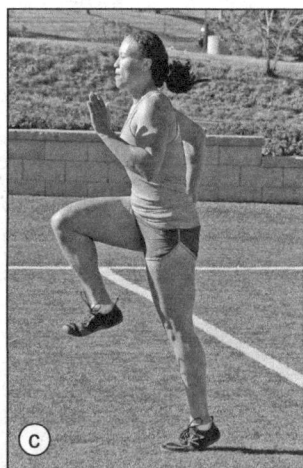

a. 军步高抬腿　　　　　　　　b. 跳跃高抬腿　　　　　　　　c. 奔跑高抬腿

图3.3 高抬腿

启动至加速初期训练

我们在第 1 章中讲到，加速度是速度（速率）的变化量与发生这一变化所用时间的比值。整个身体的加速过程包括运动员肢体加速与减速巧妙的协调性，以提高运动员的速度，因为运动员的体型和其他身体特点不一样，他们应该掌握的加速技术也不一样，但所有运动员都是可以通过学习和训练来提高冲刺技术的。

因为加速能力对很多运动来说都非常关键，所以理解和发展加速技术至关重要。加速技术中一个主要的原则就是前倾。前倾姿势能够使运动员做出推进动作以及在第 2 章中介绍的技术。正如之前讨论的，在腿完全伸展时，头、髋、膝和踝呈一条直线（见图 2.4）。运动员力量和爆发力越强，他们加速时能够向前倾斜的幅度就越大。记住，加速度越快，向前倾斜就越大。因此，增强运动员的力量和爆发力很重要，尤其是运动员腿部和背部肌肉的力量和爆发力，从而使运动员能够达到理想的前倾角度，以及使髋、膝和踝关节三重伸展。

对任何速度训练课来说，重视每次动作的高质量意味着在每两次动作之间和组间的恢复期变长。当加速训练中需要奔跑时，跑动距离在 10 ~ 30 米，当使用爆发性训练或者训练中包含全力冲刺动作时，一组训练只能重复做少数的几次。每组训练动作之间有足够的休息从而保证了高质量。在一个 5 度斜坡上的冲刺训练课应该包括一两组 10 ~ 30 米的冲刺训练，每组冲刺训练重复 3 ~ 4 次，每次重复训练之间的恢复时间是 3 分钟，每组训练之间的恢复时间是 5 分钟。

推墙

目标 学习和强化在前倾时的姿势及腿部动作。

动作 运动员朝一面墙前倾，呈加速姿势，双脚着地，重心平均分布在脚的趾骨球上。运动员交替向上和向前抬起左腿和右腿，就如同在跑步一样（见图3.4）。起初运动员动作较慢，待运动员能够完全掌控，随后慢慢地加速。运动员在开始冲刺后，向前的倾斜角度变小，这样运动员就能得益于这个训练，从而更好地提高技术。

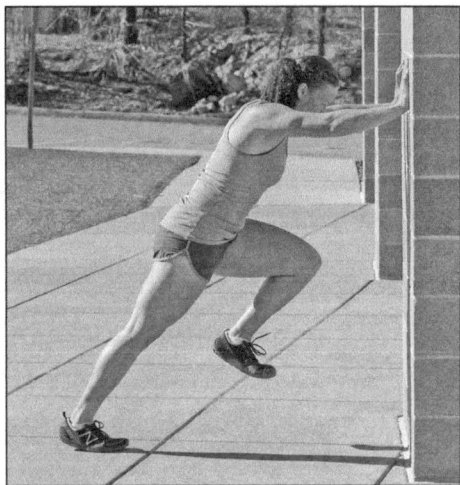

图 3.4 推墙

斜坡冲刺

目标 为了加强腿部伸肌的爆发力和改善前倾角度。

动作 运动员在一个低角度（5～10度）的斜坡上向上冲刺，注意在冲刺过程中使用有效的加速动作。斜坡增加了冲刺过程中的阻力，是一种训练运动员力量和爆发力的安全且有效的方法。地面向上倾斜也提高了运动员在冲刺时对膝关节抬起和充分伸展的意识。在完成一次冲刺后，运动员应该慢慢走回起点，以保证在下一次冲刺前有充足的恢复时间。见图3.5。

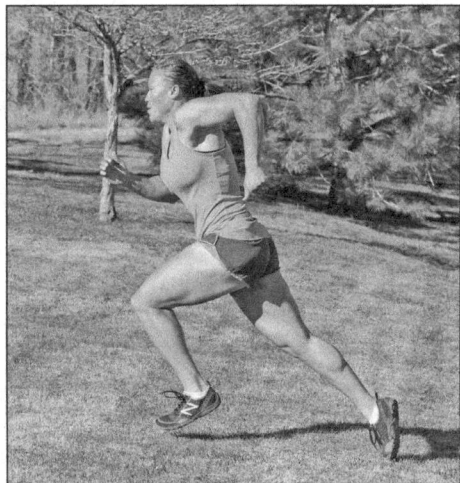

图 3.5 斜坡冲刺

从地面开始冲刺

目标 学习冲刺时身体的有效前倾。

动作 运动员趴在地面上，面部朝下，手掌在肩膀附近支撑地面（见图3.6a）。教练发出指令后，运动员起身全力向前冲刺（见图3.6b和图3.6c），用最快的速度到达前方的一个点。运动员离这个点的距离可以根据训练的目的而定，但这个距离通常相对较短，为5 ~ 30米。运动员开始冲刺时是趴在地面上的，当运动员从脸朝下的姿势起身时，在身体还未完全直立还是前倾的姿势时就发力向前冲刺。

a. 起始姿势

b. 开始冲刺

c. 爆发式的加速

图3.6 从地面开始冲刺

倒地冲刺

目标　学习加速技术，特别是前倾动作。

动作　运动员笔直站立，面朝前方，整个身体逐渐向前倾斜倒向地面，然后在最后无法支撑时向前加速并冲刺一段距离，例如 10 米（见图 3.7a 和图 3.7b）。在运动员前倾时，一名教练或搭档可以拉着运动员的衣服，教练或搭档放手时运动员加速向前冲刺。

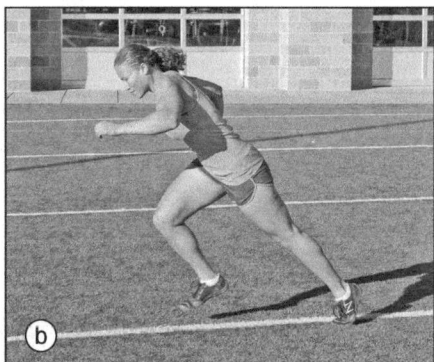

a. 逐渐向前倒　　　　　　　　　　　b. 爆发式的加速

图 3.7　倒地冲刺

从三点姿势开始冲刺

目标　提高加速时的前倾技术以及体后技术，强调手臂摆动。

动作　运动员呈三点启动姿势（见图 3.8a）。运动员从这个低重心姿势开始发力，冲刺一段距离，例如 20 米（见图 3.8b）（具体的距离取决于运动员是想练习纯加速或过渡加速，还是冲刺的另一个阶段）。手臂摆动不充分的运动员可以从这个训练中获益，因为运动员要从一个很低的重心姿势开始冲刺，就要求手臂产生很大的推进力。

a. 三点启动姿势　　　　　　　　　　b. 从低重心姿势开始冲刺

图 3.8　从三点姿势开始冲刺

药球深蹲 – 前推冲刺

目标 为了提升加速初期的爆发力。

动作 运动员呈半蹲姿势，双手持药球置于胸前，手掌握于药球的后半部分（见图 3.9a）。运动员通过髋、膝、踝关节的完全伸展，手臂快速伸直，将球向前推出，类似于胸前传球的动作。这一动作要有爆发性，尽可能地向远处抛出。向前推出球后，运动员再向前加速 10 ~ 20 米（见图 3.9b）。

药球深蹲 – 前推到俯卧撑姿势 运动员完成药球深蹲 – 前推动作，在将药球推出后，运动员不是立即向前冲刺，而是向前下落呈一个俯卧撑姿势（见图 3.9c）。

药球深蹲–前推到下落 这个变化动作需要在运动员的正前方放置一个跳高垫。运动员完成上述训练动作，在最后不是冲刺，而是身体发力全部倒向垫子（见图 3.9d）。

a. 药球深蹲 – 前推

b. 向前冲刺

c. 以俯卧撑姿势结束

d. 倒向跳高垫

图 3.9 药球深蹲 – 前推冲刺

抗阻冲刺

目标 提高加速时的爆发力和养成正确的前倾姿势。

动作 运动员的身体拖曳一个加重的雪橇或类似的物体，然后全力冲刺一段距离（见图3.10）。因为受到雪橇的阻力，运动员身体的前倾角度更大。这个训练方法能够有效地提高运动员的爆发力和加速时的身体姿势。（本章随后的抗阻冲刺部分会对抗阻冲刺进行详细的介绍。）

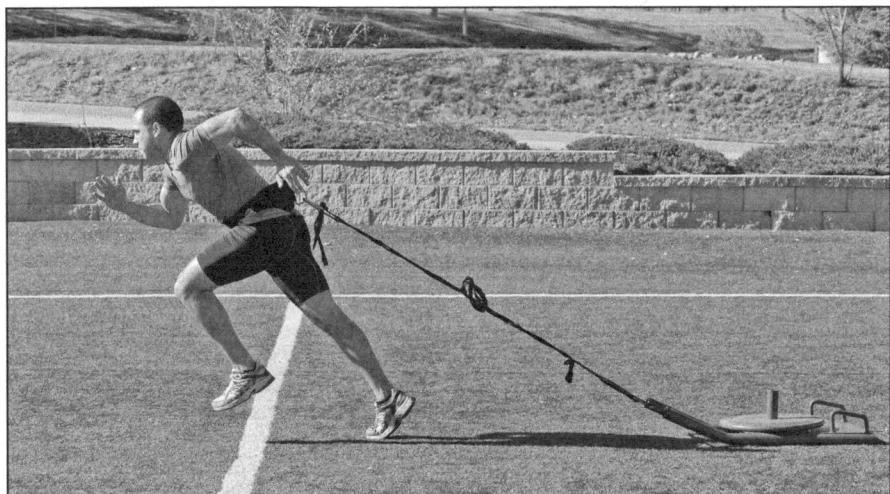

图3.10 抗阻冲刺

推进和下落

目标 提高推进时的爆发力。

动作 这个训练类似于药球深蹲－前推到下落训练。运动员开始时呈一个半蹲姿势，向前推动，身体伸展，然后倒向跳高垫（见图3.11a和图3.11b）。这个动作强调髋、膝和踝关节伸展时的爆发力，同时手臂向前向上摆动。

a. 半蹲准备姿势

b. 向前驱动然后下落

图3.11 推进和下落

搭档拖曳和释放训练

目标　加强加速时的推动力，以及阻力释放后快速加速的能力。

动作　运动员笔直站立，做好冲刺的准备。教练站在运动员的身后，拖曳运动员的衣服或髋部，对运动员施加人为的阻力（见图3.12a）。在加速的初期，通常是前5 ~ 10米，教练持续对运动员施加阻力，然后再释放阻力。运动员再继续加速冲刺10米（见图3.12b）。对运动员施加阻力的另一种方法是使用阻力带。运动员穿上阻力带，教练拽住阻力带。

a. 阻力下加速

b. 阻力释放后冲刺

图3.12　搭档拖曳和释放训练

加速至最大速度训练

一些运动员由于受力量和柔韧性的限制，不能完成第 2 章中介绍的技术模式，无法达到最大速度跑。例如，许多运动员的腘绳肌力量不足，股四头肌柔韧性差，摆动腿膝关节弯曲不够，从而难以达到最大速度。力量更弱的运动员不能够提供足够的推动力使步幅长度达到最佳（以及达到身体完全伸展），导致每步的步幅变短和多余的上下运动。教练应该持续对运动员做出评估，找出技术上的局限性和导致这些局限性的原因，然后针对这些局限性进行训练。

本节中介绍的训练方法为全速短跑训练提供了一些有用的工具。每个动作或技术都有一个明确的目的，如果这些训练对某个运动员合适，可能将对他的全速短跑有帮助。然而，全速短跑训练最基础的部分就是冲刺，这些技术训练应该被看作是一种补充。

交换跳冲刺

目标 这个训练可以增加腿部力量和步幅长度。因为交换跳动作的本质是向前弹射爆发式的动作，这个训练还可以增强身体的硬度，特别是在跳跃落地时脚踝的硬度。

动作 运动员使用大步幅进行爆发式的冲刺。对于初学者来说，冲刺距离应该设定在 10 米，有经验的运动员可以提高到 30 米。在进行这项训练时，运动员应该注重高抬膝关节和蹬地腿的完全伸展。然而，运动员的前腿不应该过度前伸以追求步幅，步幅是通过跳跃和高抬膝关节达到的。交换跳训练是一种高强度的训练，运动员在没有足够的力量和技术前，不应该进行此项训练。见图 3.13。

图 3.13 交换跳冲刺

单脚跳

目标 为了提高支撑腿在落地与蹬伸时的推进力和爆发力。

动作 运动员用单脚向前跳跃一段距离，注重跳跃的高度和每一次跳跃的距离。在单脚跳跃过程中，跳跃腿要大幅度弯曲，这样可以加强跳跃腿的力量。在起跳后，腿向前摆动时注意要高抬膝关节（见图3.14a）。当第一次学这项训练时，大部分运动员的脚踝都会保持在一个较低的位置。在脚与地面下一次接触前，运动员应该提高脚踝的高度，向前摆动时的高度要高于另一侧腿的膝关节，同时跳跃腿的膝关节也向前向上移动。在进行这项训练时，运动的脚蹬向地面的速度和力量都要大于其他许多的训练。因为在落地前运动员的腿几乎完全伸展（见图3.14b）。这项训练有利于提高运动员腿的力量和稳定性，防止运动员在冲刺时支撑腿的髋、膝和踝关节的卸力。一个有效的教学点是要求运动员保持髋部处于较高的位置。

a. 单脚跳至最高点时的姿势　　b. 落地姿势

图3.14 单脚跳

踝关节训练

目标 提高作用于踝关节肌肉的弹性力量和一般力量。

动作 运动员直立，通过交替弯曲和伸展踝关节向前移动。运动员的步幅非常短但步频非常快，注重脚趾与地面接触时简短而有力。在整个训练过程中，髋部位置很高，膝关节几乎完全伸展，这样，所有的压力都作用于踝关节的肌肉上。见图 3.15。

图 3.15 踝关节训练

正如第 2 章中讨论的，加速并不只是从静止状态开始的（例如，田径运动员开始启动或者美式橄榄球线卫在对手的纠缠中突然摆脱加速），加速也可以从许多速度状态开始，例如慢跑（英式橄榄球前锋在持球前的状态）和非激烈的冲刺（英式橄榄球运动员向外侧后退）。加速也有不同的运动模式，例如美式橄榄球接球手沿着争球线路奔跑时突然转身并向前场冲刺，或者橄榄球前锋横向踏步躲避对手接球后向前冲刺。

从不同的启动状态下进行加速训练可以评估运动员在运动专项比赛环境下的技术能力。在团队运动中，练习从相关的启动姿势开始，再加上正常的技术训练，注意力集中在技术和执行力上。加速的质量受到加速前动作质量的影响，因此，一个完整的速度训练方案应该关注运动员动作的所有要素。如甘比达（1996）所说，我们在针对某项运动进行训练时，必须补充基础能力的相关训练（如奔跑技术），以增强运动员的运动能力。

横向滑步到向前冲刺

目标 提高运动员从横向滑步到向前冲刺转换的能力。很多运动都需要运动员有这种能力，特别是美式橄榄球、英式橄榄球、澳式橄榄球等类似的运动。

动作 运动员来回横向滑步 5 ~ 10 米，然后再向前冲刺 10 ~ 20 米（见图 3.16a和图 3.16b）。运动员在横向滑步时保持低重心的运动姿势，脚尖向前，手臂放松或者做出具体运动所要求的动作。运动员横向滑步到之前设定好的位置，然后再向前冲刺，或者当他们做出了有效的技术后再向前冲刺。运动员也可以根据某种指令或刺激开始向前冲刺。

a. 横向滑步   b. 向前冲刺

图 3.16 横向滑步到向前冲刺

步行 – 慢跑 – 冲刺

目标 提高运动员从直线动态状态下加速的能力。

动作 放置两个圆锥筒，之间相隔 10 ~ 20 米。运动员从第一个圆锥筒处开始向前步行，然后慢慢进入慢跑状态，在到达另外一个圆锥筒前进入冲刺状态（见图 3.17）。运动员应注重速度和节奏的变化。（如果不用圆锥筒，运动员也可以根据教练的相关指令变换速度和节奏。）

图 3.17 步行 – 慢跑 – 冲刺

进进出出

目标 提高运动员在快速奔跑时的放松能力。

动作 运动员向前加速奔跑一段距离，最多 20 米，然后再匀速跑 20 米，注意在停止加速后身体的放松。在 40 米后，运动员再加速，尽可能快地接近最大速度，然后保持这个配速到 60 米的标记处。最后，运动员降低强度，再跑 10 ~ 20 米，在注重放松的同时保持高步频。第二次加速让运动员有机会将精力集中在从一个相对较快的速度加速时的发力和动作，提高从快速奔跑到冲刺的能力。每个阶段的距离可以根据运动项目和运动员的不同而设定。见图 3.18。

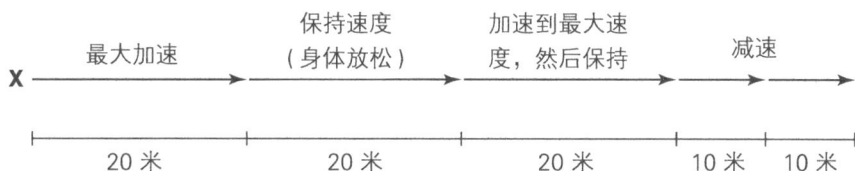

	最大加速	保持速度 （身体放松）	加速到最大速 度，然后保持	减速	
X →	→	→	→	→	
	20 米	20 米	20 米	10 米	10 米

图 3.18 进进出出

折叠跑

目标 提高腿的快速摆动能力。

动作 这个训练是常见的踢臀训练的一种变形，可以在步行、跳跃和奔跑的状态下进行。主要的区别是，运动员不需要将脚跟伸到身体后侧，只要进行正常的奔跑动作（或步行垫步跳）即可，但是膝关节在向前摆动时脚跟要迅速拉高到一侧臀部的下方。运动员想象有一堵墙在自己后方有助于这项训练；运动员的脚沿着想象中的墙向上提升，但不能延伸到身体的后方。见图 3.19。

图 3.19 折叠跑

跨步跑

目标　提高摆动腿的快速轮转能力。

动作　这个训练是折叠跑训练的一种衍生训练。和折叠跑训练一样，运动员用正常动作向前奔跑，膝关节向前摆动时迅速将脚跟拉高到一边臀部的下方，脚跟同样不能延伸到身体后方。在这个训练中，当脚向前移动时，运动员将脚向外和向下伸展，就如同在另一侧腿的膝关节高度踩着一个东西。然后运动员再迅速将脚直接放下触地，或者落在身体重心的前方。这个训练可以在原地进行，也可以在步行和奔跑时进行。见图 3.20。

图 3.20　跨步跑

减速训练

在针对运动专项的训练中，冲刺、减速和变向训练都是很普遍的。然而，即使是针对某个运动专项的训练，起初也不能忽视相对最大力量和反应力量等主要力量素质的训练，否则等同于建房子时还没建好第一层就开始建第二层。在没有训练出足够的基础力量前，运动员进行再多的针对自身运动项目的技术动作训练也是徒劳的，还可能对运动员造成伤害。

在场地运动中，减速可以让运动员变向，同时也是完成许多技术动作的重要因素。根据运动项目的不同，变向的方法也不同。因此，和运动专项有关的训练是常规训练固有的一部分。在第 2 章中介绍的对基础技术组成部分的分解训练会对运动专项的技术训练有帮助。这里介绍的训练一般是应用于运动专项的，但也是具体针对减速时力量和技术的运用。前三项训练（下落着地、下落着地后起跳和下落着地后横切）是循序渐进的。

这些减速训练的目的局限于提高运动员基础的身体素质和技术成分。这些训练不会提高运动员在运动专项比赛时对某种形势（例如对球或对手做出反应）的判断力和身体技术。这些基础性动作技术应当被看成是一个连续的过程，帮助运动员将基础能力转化成一项技能，再转变成动作模式的分解部分，然后再转化成运动员根据比赛形势做出反应动作的速度（Gambetta，2007）。在运动专项比赛环境中影响运动员判断的因素不在本章的讨论范围内。

除了这里介绍的训练方法以外，几种多方向的移动也可以用来提高奔跑状态下减速和变向的能力。有许多常见的训练，例如 T 形、L 形、伊利诺斯敏捷性训练。这些有用的封闭式运动技能能够帮助运动员提高减速、变向和再加速的基本技术，也可以发展成包含临场判断和反应的开放式减速和变向技术训练。（可参考 *Developing Agility and Quickness* 一书，学习更多的训练方法。）

下落着地

目标 提高制动动作中的反应力量。

动作 这个训练是下落着地训练的第一步，练习从跳箱上下落着地，制动于向下动作。运动员所站的箱子高度在8 ~ 12英寸（20 ~ 30厘米），身体强壮且训练有素的运动员可以把跳箱高度提高到16 ~ 24英寸（40 ~ 60厘米）。运动员开始用8英寸（约20厘米）的跳箱训练，每训练一段时间跳箱的高度增加4英寸（约10厘米），这样可以帮助运动员监控进阶强度。运动员从跳箱上跳下，双脚同时着地，通过整个身体，特别是通过踝、膝和髋关节的弯曲（见图3.21a和3.21b）吸收力。落地时吸收冲击力的最佳姿势不能下蹲太深或太浅。运动员使用手臂动作帮助保持身体平衡，身体重心逐渐上升。接下来，运动员可以训练单脚落地，或者用更低的身体重心从跳箱上往下跳（见图3.21 c）。

a. 准备姿势

b. 通常的下落着地

c. 单脚下落着地

图 3.21 下落着地

下落着地后起跳（深蹲跳）

目标　提高制动动作中的反应力量。

动作　这项训练使用下落着地训练的
动作和技术。在这项训练中，运动员从跳
箱上跳下，着地时利用拉长负荷以增强拉
长－缩短周期的效应，然后爆发式地向上
跳起（见图3.22）。运动员从着地到起跳
的动作衔接要流畅，尽可能地往高处跳。
这种类型的训练有助于提高运动员在比赛
中奔跑－减速－起跳的反应力量。

图 3.22　下落着地后起跳

下落着地后横切

目标　提高制动动作和启动横切时的反应力量。

动作　在做完下落和着地动作后，再加上横切动作。运动员从跳箱上跳下，双脚
同时着地，然后向左侧或右侧横切；与横切方向相反一侧的脚蹬地发力，与横切方向
在同一侧的脚朝横切方向迈步（见图3.23a）。有一个更高级的训练方法：运动员从一
个相对较低的高度（20厘米）跳下，单脚着地，然后向相反方向横切（见图3.23b）。

a. 下落着地后横切

b. 单脚着地后横切

图 3.23　下落着地后横切

向前－向后加速和减速

目标 分解向前和向后跑动时加速和减速的技术。

动作 将8个圆锥筒放置在一条水平线上，两个圆锥筒之间间隔5～10英尺（2～3米），将8个圆锥筒标记1～8号。运动员紧挨着圆锥筒构成的直线站立，站在4号和5号圆锥筒之间，面向8号圆锥筒。运动员朝5号圆锥筒（最近的那个圆锥筒）冲刺，然后减速，再倒着跑向4号圆锥筒。运动员减速，然后加速向6号圆锥筒冲刺，再退向3号圆锥筒，然后向7号圆锥筒冲刺，再退向2号圆锥筒。接下来，运动员向8号圆锥筒冲刺，再退向1号圆锥筒。用这种方法，运动员向前向后冲刺的距离由短变长。这个训练也可以从相反的方向进行，向前向后冲刺的距离由长变短。这项训练的重复次数可以根据需要而定。见图3.24。

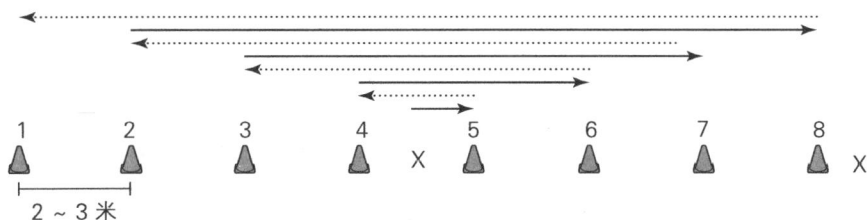

图3.24 向前－向后加速和减速

横向加速和减速

目标 提高运动员在横向加速和减速时的技术。

动作 向前－向后加速和减速的训练方法也可以用到横向移动中。有一些运动例如冰球，交叉步会经常被用到（见图3.25）。其他运动项目的运动员应该使用标准的侧向滑步（如英式橄榄球运动员）。

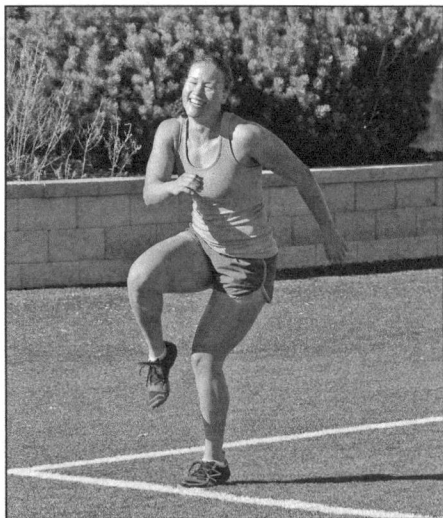

图3.25 横向加速和减速

横向跳步

目标 提高运动员横向移动时的爆发力。

动作 运动员从左脚向右脚横向跳跃，增加跳跃的高度和距离。运动员开始这项训练时速度较慢，从而能更好地理解技术理念，然后进阶到前后跳步，同时增加每次跳跃的高度和距离。见图3.26。

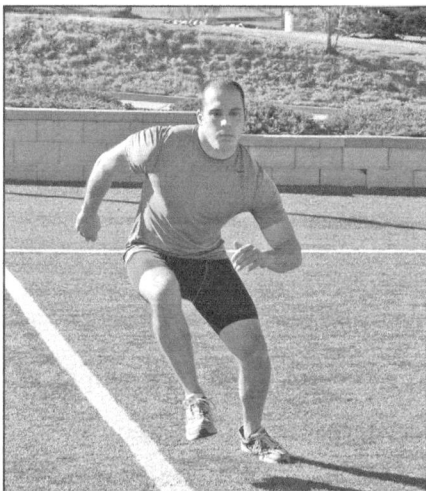

图 3.26 横向跳步

Z 字形交换跳（外侧交换跳）

目标 用类似于减速变向动作的方法提高运动员的反应力量。

动作 运动员先向前跑 5 米，然后再以一定的角度（Z 字形）从一只脚向另一只脚交换跳，跳跃距离要尽可能远。在脚与地面接触后，运动员立即向另一侧跳跃（Z 字形模式），然后另一只脚再着地。脚的着地位置比正常落地朝外一些，这样有利于将横向移动引入交换跳这一练习中。运动员在保持对着地的控制时尽量使每一步的跳跃距离更远。见图3.27。

图 3.27 Z 字形交换跳（外侧交换跳）

设计速度训练课

短跑的最大收获来自以技术为核心、高强度训练和长时间恢复为特征的高质量训练。另一个评价质量的方式就是测量运动员跑得有多快。简而言之，速度太慢就是糟糕的质量，所以在训练课中，我们要用尽一切办法提高最大速度冲刺的质量。

要使冲刺质量最大化，我们不仅要仔细规划每堂课的训练量，还要考虑更长训练周期的安排。如果每周或每月的训练量太大，那么在新的训练周期的前几天，运动员的冲刺质量会很差，因为运动员还没有从上一个训练周期中恢复过来，这样也可能增加运动员受伤的风险。然而，一般来说，每周 1000 ~ 2000 米的加速和高速冲刺是比较典型的训练量。

表 3.1 和表 3.2 是两堂训练课的示例，包括热身动作和技术训练的顺序。两个训练周期样本都包含了共同的内容，尽管这两堂课内总共的冲刺训练量都是相对较低的，表 3.2 还是表明了休息不充分对运动员造成的负面影响。

在设计速度训练课时，一个重要的原则是要考虑高强度训练对运动员造成的影响。冲刺训练会对运动员的中枢神经系统和周围神经系统造成很大的压力。教练可能会忽视或低估这个影响，因为冲刺训练课的总训练量（冲刺的时间或冲刺的距离）相比其他训练的训练量来说较小。根据经典的超量恢复曲线的理论模型，每种类型的训练压力都会引发一个补偿效应。例如，在执行一个非冲刺的跑步训练课后，大部分运动员的身体机能都能在 24 小时内回到原先的水平，或者恢复到能够应付超越之前强度训练的水平。然而，有证据表明，一个典型的冲刺训练课（训练强度达到 95% ~ 100%），需要 72 小时或更多的休息时间，肯定是不能少于 48 小时的。顶尖的运动员在完成个人最好水平的冲刺后，需要长达 10 天的休息时间。从高强度的冲刺训练课中恢复的能力取决于训练量的大小，因为训练量的大小影响着训练课中运动员受到的所有压力。例如，300 米高强度（最大速度的 95% ~ 100%）的训练所需要的恢复时间少于 750 米同样强度的冲刺训练所需要的恢复时间。

表 3.1 低训练量、高质量冲刺训练课

动作	运动量	休息	时间（秒）
热身			
慢跑	800 米		
静态拉伸	10 分钟		
动态拉伸	10 分钟		
栏架跨越	2 × 10 米	1 分钟	
跳跃高抬腿	3 × 20 米	1 分钟	
药球深蹲 - 前推	3 × 10 次	30 秒	
交换跳冲刺	3 × 30 米	2 分钟	
加速			
从三点姿势冲刺	20 米	3 分钟	3.08
从三点姿势冲刺	20 米	3 分钟	3.04
从三点姿势冲刺	20 米	3 分钟	3.05
休息 5 分钟			
开始			
抗阻训练	30 米	5 分钟	4.44
抗阻训练	30 米	5 分钟	4.42
抗阻训练	30 米	5 分钟	4.41
休息 10 分钟			
持续加速			
30 米加速训练	20 米	7 分钟	2.24
30 米加速训练	30 米	10 分钟	3.39
30 米加速训练	40 米		4.65

表 3.2　高训练量、低质量冲刺训练课

动作	运动量	休息	时间（秒）
热身			
慢跑	800 米		
静态拉伸	10 分钟		
动态拉伸	10 分钟		
栏架跨越	2 × 10 米	1 分钟	
跳跃高抬腿	3 × 20 米	1 分钟	
药球深蹲 - 前推	3 × 10 次	30 秒	
交换跳冲刺	3 × 30 米	2 分钟	
加速			
从三点姿势冲刺	20 米	2 分钟	3.07
从三点姿势冲刺	20 米	2 分钟	3.08
从三点姿势冲刺	20 米	2 分钟	3.10
休息 3 分钟			
开始			
抗阻训练	30 米	3 分钟	4.48
抗阻训练	50 米	3 分钟	4.47
抗阻训练	30 米	3 分钟	4.50
休息 5 分钟			
持续加速			
30 米加速训练	20 米	4 分钟	2.27
30 米加速训练	30 米	4 分钟	3.42
30 米加速训练	40 米		4.68

速度耐力

大多数运动员都需要某种形式的速度耐力。速度耐力可以从两方面来看：单次冲刺（如20米冲刺）时保持速度的能力，以及在许多运动中（如美式橄榄球）要求的保持重复短距离冲刺速度的能力。在径赛中，对速度耐力水平的要求取决于具体项目：400米比200米需要更强的速度耐力，200米又比100米需要更强的速度耐力。因为速度耐力训练的强度很高，它被认为是速度训练而不是以耐力为导向的训练。高质量训练的原则同样适用于速度耐力训练课。（更多关于速度耐力训练方案设计的内容可参考 *Developing Endurance* 一书。）

在速度耐力训练课中，通常也有冲刺技术训练。然而，只是简单的在速度训练课结束后开始速度耐力训练不太可能产生最好的结果。试比较一下两个速度耐力训练课。

训练课 1: 以个人最大速度的 95% 进行 5 × 120 米冲刺训练，每组间休息 7 ~ 10 分钟。

训练课 2: 以个人最大速度的 95% 进行 2 × 300 米冲刺训练，每组间休息 10 分钟。

以上两个都是可以在速度训练结束后进行的典型的训练课。无论是哪一种总计为 600 米的训练课，当增加至 600 ~ 900 米的加速和最大速度冲刺时，速度耐力重复次数的时间目标就很难达成，因为这需要考虑冲刺训练需求的总训练量。另外，很多教练，包括本书的作者都发现这种训练方法很容易拉伤运动员的腘绳肌。

可以说，如果短跑选手有 3 个挡位，在恢复和通常情况下只用 1 挡，即少于最大速度的 70%（低强度间歇训练课），在发展速度时用 3 挡，即最大速度的 95%。第 2 挡，即强度适中的奔跑，不足以提高运动员的速度，但对运动员的新陈代谢和神经肌肉造成的压力却不小。速度耐力同样受到运动员速度的影响。运动员的速度越快，其加速的距离就越长，达到最大速度的时间就越晚。使用中等强度的跑步训练来提高速度耐力没有意义，因为如果训练时速度太慢，训练的结果就是运动员保持慢速的能力反而增强。

速度训练的安排

在一周的时间内如何安排速度训练，取决于运动员要进行高强度训练课的次数。通常情况下，运动员每周进行两到三次以提高速度为主要目标的训练课。具体是两次还是三次，取决于运动员的恢复和运动表现能力。运动员的速度训练课并不是连续进行的，具体的安排取决于要执行的训练课次数以及其他训练和技术训练的安排情况。

在一周安排两次速度训练课时，可以通过在两次训练课后的一天安排力量训练来取代训练课，这样能够相对容易地确保两个高强度训练日之间有充足的恢复时间。节奏跑可以连续每天都进行，而诸如腹肌训练和低强度训练等对中枢神经系统压力较小的训练也可以每天都进行。根据运动员训练的主要目标，两次训练课可以都强调加速度和速度，也可以在第一次训练课强调加速度和速度，第二次训练课强调启动和速度耐力。

抗阻冲刺

抗阻训练给运动员自然的冲刺动作施加了一个外部阻力。外部阻力可以通过多种方式施加，例如上坡跑、带阻力伞跑或拖着雪橇形式的额外负荷。本部分主要讲后面那种方式，因为在这方面有很多研究。有人担心抗阻训练方法会导致运动技术的生物力学变化。有研究发现，在带阻力的冲刺中，运动员的生物力学确实发生了改变。

研究表明，抗阻冲刺训练时（膝关节的弯曲度增加，身体向前倾斜的角度增加）生物力学的变化与阻力的大小密切相关，会增加运动员的触地时间。基于这一点以及教练的观察，建议有稳定冲刺技术基础的成年运动员才进行抗阻冲刺训练，他们受到抗阻训练对生物力学造成负面影响的可能性更小。

事实上，在形成期提高运动员的生物运动能力非常重要，尤其是冲刺技术。在运动员掌握近乎最佳的动作姿势前，不建议进行能够对他们的技术造成改变的过度训练。但对于那些动作模式已经定型的运动员来说，正常冲刺情况下的非大量的抗阻训练和辅助训练不太可能对其技术造成改变。

教练通过大量的训练和针对运动专项的训练方法提高运动员在运动专项中所需的能力。超负荷训练和针对性训练是抗阻训练等训练技术的前提。当进行抗阻训练时，例如拖曳一个加重的雪橇，额外的重量需要运动员产生更大的力。

如果施加的阻力太大，即使对运动员冲刺时的生物力学造成改变，从长期来看，这种变化是否会对运动员的技术动作造成负面影响还不得而知。因此，运动员还是应该进行相对少量的抗阻训练。额外施加的重力一般不超过运动员体重的 10%。

大多数教练使用抗阻冲刺训练提高运动员在冲刺时的启动速度和初期加速度。有研究表明，通过抗阻训练，运动员能够提高冲刺时的启动速度和前 30 米的加速度。然而，也有研究表明，抗阻训练对高速冲刺并没有帮助，所以很难提供确凿的证据证明抗阻训练对速度训练方案有益。

教练和运动员应该意识到，施加阻力的方法不同，阻力的大小也不同。当使用橡胶阻力带，运动员加速离开固定端时，阻力随之增大，运动员在训练时感受到的阻力更接近于恒定不变。当使用雪橇时，运动员在启动阶段和初始加速阶段感受到的阻力是最大的，因为运动员要克服雪橇的惯性。使用雪橇时还需要考虑雪橇与地面之间的摩擦力。例如，木质雪橇与人工草皮之间的摩擦力要小于与塑胶跑道之间的摩擦力。教练应该考虑到这些因素对相对阻力的影响。他们可以通过测量阻力冲刺和正常冲刺所用时间的不同来监测这些因素。一个减少冲刺时间 1% ~ 10% 的阻力是一种相对较低的抗阻冲刺训练。

比较低阻力冲刺训练和高阻力冲刺训练效果不同的研究相对缺乏。尽管人们认为超过身体重量 20% 的阻力将会对运动员的技术动作造成明显的改变（Maulder et al., 2008; Knicker, 1994），但高阻力是否会带来有利的训练成果，或者对技术动作造成的负面影响是否大于潜在的益处，这些都还不得而知。尽管高阻力训练会改变运动员的技术，但也可能产生积极的训练效果，同时对冲刺技术不会造成长期的、不利的改变。拖曳雪橇和斜坡冲刺等抗阻冲刺可以提高运动员对加速动作要领的认识：身体大幅前倾、支撑腿的完全伸展和髋部明显前摆等。如果保守使用，高阻力训练可以帮助运动员提高冲刺技术的某些方面，同时没有长期的副作用。然而，没有证据支撑在冲刺训练时进行高阻力训练的必要性。

辅助冲刺

在辅助冲刺时，外部力量使运动员能够达到超过自己练习水平的最大速度。辅助的目的在于通过增加运动员的步频来提高速度，通常是用一条橡胶管拖曳运动员，或者在一个向下的斜坡上冲刺。然而，这种训练方法的好处并不是很好被理解。辅助冲刺减少了运动员的触地时间，从而增加了腾空时间和步幅。有人担心一些辅助冲刺，特别是下坡冲刺，将会使运动员的步幅过大，这对产生最大速度的运动生物力学造成不利影响。在下坡冲刺时，由于坡度的存在，运动员脚的着地点与身体相对更远，这就导致运动员的脚步与正常高速冲刺时相比离身体重心太远。

因为进行辅助冲刺训练的限制性和缺乏明显的效益，一些教练并不推荐辅助训练，而是通过定向训练来提高运动员的步频，以使冲刺周期超过正常的速度（Francis，1997）。事实上，许多训练只是使用整个冲刺动作幅度的一部分训练，以提高腿的交替摆动速度。对于其他针对性的训练方法，辅助冲刺只可以用于能力出众、技术扎实的运动员。

另一个可能没有下坡冲刺训练的负面效果的辅助训练是顺风冲刺。当运动员顺风时能够跑得更快，很可能是因为在顺风的条件下运动员的触地时间变短，从而增加了步幅。顺风为运动员的整个身体提供了推进力，而不是一个特定点的力，从而防止或减小对冲刺技术的负面影响。因为我们不能掌控风向条件，所以顺风训练实施起来极为困难。

CHAPTER 4

速度的评估

约翰·格拉汉姆
（John Graham）

在设计训练方案以提高运动员的速度时，一个重要的因素就是评估运动员的速度和运动水平，为选择适当的训练提供参考。了解运动生理学的评估人员能够依据运动表现的评估结果，选择适当的训练方法，帮助运动员达到他们的训练目标，使他们的潜力最大化（Graham，1994；Harman，2008）。运动表现评估结果构成了训练方案的基础，也给训练方法的成功与否提供了客观的判定手段。

基本原理

评估是对运动员运动能力的一种简单的测量方法。有效的评估能带来许多益处，教练有很多理由利用好速度评估结果，例如评估运动能力、提高积极性、找出运动员的优势与劣势（Graham，1994；Harman，2008）。运动表现的结果应该作为运动员体能方案的基础。一旦为每名运动员设立了测试的基准线，就可以为他们设立可以达到的目标，之后的评估可以显示运动员目标完成的进度。

评估也是一种激励工具，因为它很可能是一种最有效和最准确的记录和测量进度的手段。目标导向明确的运动员认识到积极评估结果的重要性，达到最好成绩的愿望也会很强烈（Bridgman，1991）。

测试还可以帮助教练分组。根据测试结果，教练可以确定合适的训练搭档，把能力相近的运动员分为一组。评估结果也可以帮助教练为运动员配对，以获得最大的训练成果。

评估也可以预测一名运动员是否具备某项竞争性运动所需的技术和身体潜

能，尤其是运动员的测试结果能够和某个运动专项或者场上位置的标准分值进行比较时（Harman，2008）。因为速度在许多运动项目中都起着重要作用，所以教练和评估人员必须准确地评估运动员的速度，这就要求他们知道如何构建一个有效和可靠的速度评估方案。

前提条件

为了使一个测试方案对运动员和教练有用，测试方案必须满足几个前提条件。评估过程必须是有效、可靠和客观的，从而使评估获得令人满意的评价指标。除非确保有效性、可靠性和客观性的问题得以解决，否则测试结果将是有缺陷的，测试的有用程度也会受到影响。

有效性

有效性是指所评估和测量的指标是我们想要测量的。有四个因素会影响速度测试的有效性。

- ▶ **构思的有效性**——速度测试是否能够真正测量出与运动专项表现相关的跑速。
- ▶ **预测的有效性**——速度测试中的表现与运动中的表现的关联性如何。
- ▶ **内容的有效性**——选择的速度测试对于运动专项的重要性如何。
- ▶ **同时有效性**——速度测试与其他公认的评估方法是否存在关联。

为了更好地理解评估过程的有效性，可以使用评估棒球运动员速度的 30 码（1 码 =0.91 米）冲刺测试。30 码冲刺具有构思的有效性，因为这个方法能够测量棒球运动中常用的技术：在各垒之间奔跑的速度。一个在 30 码冲刺测试中获得高分的运动员在棒球比赛中比那些得分低的运动员更有优势，因此，这个测试也具有了预测的有效性。30 码冲刺测试了棒球运动中重要标准之一的奔跑速度，因此，这个测试同样具备了内容的有效性。最后，用电子计时器测量确保了计时的准确性，与径赛的黄金标准计时系统有关，这也说明这一测试具备了同时有效性。然而，虽然 30 码冲刺测试对棒球运动员具有明显的有效性，但其有效性对于篮球运动员来说就没有那么明显，因为篮球运动员在赛场上奔跑的距离通常会更短。对于篮球运动来说，10 码冲刺测试有效性的程度更高。

可靠性

在运动能力的评估中，可靠性是指重复评估中结果一致性的程度。就以 30 码冲刺测试为例，一名运动员进行 3 次 30 码冲刺跑速度测试，每次测试之间有充足的恢复时间，那么该运动员在每次测试中的得分应该是相同的。在实际情况中，测试中总会出现一个错误分值，但测试人员应该试图控制尽可能多的变量，以使错误分值出现的次数最少。评分偏差或测量错误包括运动员每次尽力的程度不一样、测试员出错、设备故障和校正错误。其中一些错误很难避免（如运动员因素），一些错误则可以控制（如测试安排），这些误差应该在构建速度评估方案时就被考虑到。本章将介绍在制定测试方法时如何使可靠性最大化，同时控制变量，从而产生有效的评价和方案的设计。

客观性

客观性是指不同评估人员对测试结果的认可程度。实质上，这是可靠性的一种具体表现。为了使客观性达到最佳，在任何条件允许的情况下，要使用同一名指定的评估人员。如果需要使用重复测试，测试项目应该在最初和之后的测试中使用同一名评估人员。如果评估人员不止一名时，客观性的一致程度就很重要，所有评估人员都应该接受所有测试的培训。在这些情况下，最好使用一个预先定好的评分系统，固定和明确的测试方法，以及相同的测试设备，使客观性达到最大化。例如，评估人员应该准确知道如何设置计时器、执行开始命令、准确记录得分成绩等。

除了与实施测试的人员有关的客观性外，也要注意成绩报告中可能存在的问题。为了避免评估结果报告的不准确，应该尽可能使用没有偏见的测试员。测试员为了取悦教练或运动员的父母，他们记录的评分和时间或者所写的成绩报告可能并不准确。注水的得分使运动员无法了解自己真实的运动表现，从而导致他们在将来的比赛中对自己的表现感到失望。另外，如果不准确的评分用于大数据的话，那么对整体的数据指标会产生负面影响。这可能导致正确进行评估的某个学校的运动员或力量教练被认为是不合格的。

选择

当选择评估时，评估人员应该分析运动员所参与运动项目对速度的要求。例如，虽然40码冲刺测试对于测量美式橄榄球技术的运动员的速度而言是一项极好的场地测试，但对于垒球运动员却无法提供同样的有效性。垒球运动员通常在比赛中到下一垒的冲刺距离只有20码，还包括从减速到停止状态。

当选择速度评估时，评估人员应该确保测试方法不仅有效、可靠和客观，还要简单有趣，给予运动员一种积极的体验（Howley and Franks，2003）。测试方法应该简单经济，这将确保在没有必要使用昂贵复杂的设备时，对许多运动员的评估快速且有效。评估要能够激发运动员竞争的本性，从而使他们在测试中用尽全力，并提供提高身体能力的相关经验。

在选择评估时，需要考虑以下几个变量。

▶ **年龄**。对大学生运动员有效的评估方案可能对青少年不合适，后者缺乏经验，也可能没有动力（AAHPERD，1980）。例如，高中生和大学生运动员可以采用30码冲刺测试，而对于使用更小场地的年龄小的运动员来说，他们使用20码冲刺测试更为合适。

▶ **性别**。一些评估可能对男子运动员合适，对女子运动员不合适，或者反之。

▶ **经验**。高级评估可能对新手运动员非常困难。例如，对于青年足球运动员来说，使用20码冲刺速度评估比较合适，因为他们在更小的场地比赛。相反，40码冲刺速度的评估应该用于高中和大学足球运动员。

▶ **环境**。在高海拔或高温高湿度等极端环境中，一些评估可能并不适合进行。例如，应该避免在严寒、酷暑天以及雨雪天进行户外测试，以免运动员受伤，并影响测试成绩的有效性。另外，风速对运动员的表现也会产生较大的影响。室内测试结果比室外测试结果更可靠，因为室内的变量更好控制。

▶ **运动专项的特征和运动中的不同位置**。不同运动要求对测试方法做出调整，以反映该运动对速度类型的要求。例如，打篮球时通常只需要短距离冲刺，所以最好的速度评估应该是短距离测试，例如10码。棒球运动员则需要更长距离的测试，30 码是两垒之间的距离。另外，一项运动中不同位置的运动员也有不同的技术要求，因此评估也应该不一样。例如，教练可能对技术位置使用 40 码冲刺，对线锋使用 10 码冲刺更合适。

▶ **无偏见的评估**。评估应该针对运动员的专项活动和能量系统来进行。例如，篮球运动员一次奔跑的距离不会超过 90 英尺（约 30 米），因此，测试篮球运动员 40 码冲刺的速度可能并不是一个明智的选择。

▶ **设备**。运动员奔跑速度的差别通常是很小的，所以准确的测量和评估至关重要。尽管测试人员经常使用秒表，但是发生误差的可能性很大，尤其是当测试人员没有经验时。调查显示，尽管测试人员很有经验，但用手动计时器记录的时间可能比电子计时器记录的时间快 0.2 秒。这可能是由于在冲刺启动和完成时测试人员按下开始和停止按钮时的反应时间所致（Harman，2008；Hoffman，2006）。另外，手动的秒表可以让有偏见的测试人员有意无意地操控成绩。如果条件允许，应该使用电子计时器。现在电子计时设备的准确性大大高于秒表，而且其成本越来越低。

▶ **测试安排**。测试安排能极大地影响测试结果。例如，慢跑 5 码后开始 30 码冲刺测试的成绩，和从三点启动姿势开始 30 码冲刺测试的成绩肯定大不一样。因此，每次测试的安排应该是相同的，每名运动员和每次测试的流程都应该被记录。记录测试安排可以让其他的测试员在实施测试时能够遵循相同的安排。不同的测试安排会使不同测试方案之间成绩的比对变得困难，也不利于制定标准的数据。

频率

决定多久进行一次运动员运动表现的评估很重要。教练必须对为何要进行测试的基本原因有清晰的逻辑依据，这个逻辑依据应该指导测试方案。为了测试而测试从来就没有意义，所有的测试方案都应该有清晰的目标。

许多教练一年对他们的运动员进行 3 ~ 4 次评估；其他教练评估的频次或多或少（Bridgman，1991）。一些教练每隔几周就评估一次，也有一些教练只在赛季开赛前进行测试。然而一年进行 3 ~ 4 次评估是最应被推荐的，这也不是一个不可改变的规定；相反，测试方案应由训练方案的目标所引导。测试也可以在训练过程中自然地进行，而不必刻意地将测试孤立起来进行。例如，如果冲刺跑是运动员训练的一部分，而且教练对运动员的成绩有要求，那么教练也可以测量运动员在训练中的成绩。

在决定测试的频率时，教练应该考虑两大因素。第一，如果正式测试的次数太过频繁，宝贵的训练时间就被占用了，运动员从测试中获得的提高并没有他们从训练中获得的那么多（Bridgman，1991）。第二，如果运动员只是在赛季开始前接受评估，他们可能没有足够的动力在休赛季进行体能训练。另外，只有在赛季前进行测试，在休赛期才可能做出适宜的调整，这样做才不容易忽视运动员需要关注的劣势。

建议一年对运动员进行三次评估：赛季结束时一次、休赛期结束时一次和赛季前结束时一次（Graham，1994）。在这些时间点对运动员进行测试，可以让评估人员有机会很好地利用活动—休息阶段之间的时间。可以在一个训练周期刚刚结束后对运动员做出准确的评估，这样教练和运动员就可以针对下一个训练周期或同一个训练周期接下来的训练方案做出调整。另外，对于较长的赛季，增加一个赛季中的测试来评估运动员的速度，可以对运动员的训练做出必要的调整。

每年进行三次评估可以激励运动员在赛季中、休赛期和赛季前持续训练，而且每次评估都非常重要。在理想情况下，进行评估的次数要足够测量出运动员体能训练方案的进程和效率。评估应该能够使运动员保持动力，坚持训练计划。

组织与准备

一旦选定评估方案，一个有条理的形式可以确保设备、评估人员和运动员的准备工作有效地进行。需要注意的方面如下。

▶测试前的安排
▶场地与设备的准备

▶测试管理和测试记录

▶排序

▶运动员准备

▶计分

测试前的安排

为了保证运动员的参与和激发他们的热情，教练应该至少在评估的 3 周前就宣布评估的日期，把测试信息张贴到最显眼、运动员经常去的区域。测试安排应该包括评估的详细内容、参加评估的运动员的名单、评估人员的姓名、地点、日期和评估时间。表 4.1 是一个棒球运动员测试安排的样本，为评估人员和运动员都提供了信息。在一些情况下，教练希望给运动员和评估人员的信息分别在两张单独的清单上。为了使测试的效率最大化，特别是运动员第一次参加测试时，教练和评估人员应该在测试的几天前召开一次会议，讲解所有的测试内容，并且回答提问以及解释指导方针和程序。

所有运动员都应该签订知情同意书；如果他们是高中生或更年轻，那么由他们的父母或监护人代签。知情同意书上应该明确可能导致运动员受伤或者影响其运动表现的医学状况。信息详细的同意书可以让运动员和他们的父母了解测试流程的详细内容。建议将运动员名单和一份关于测试程序、评估的目的等资料附在同意书上（见图 4.1）。

表 4.1 测试日程安排：棒球

测试内容	测试人员	地点	日期和时间	运动员分组	所需设备
专业敏捷	琼斯	棒球场地	9 月 7 日星期六上午 9：00	投手、捕手	纸夹板、铅笔、工作表、电子计时器、3 个圆锥筒
			9 月 7 日星期六上午 9：30	野手	
L 形技术	鲁伊斯	棒球场地	9 月 7 日星期六上午 9：00	野手	纸夹板、铅笔、工作表、电子计时器、3 个圆锥筒
			9 月 7 日星期六上午 9：30	投手、捕手	
30 码冲刺	托马斯	棒球场地	9 月 7 日星期六上午 10：00	投手、捕手	纸夹板、铅笔、工作表、秒表、4 个圆锥筒
			9 月 7 日星期六上午 10：30	野手	
60 码冲刺	约翰逊	棒球场地	9 月 7 日星期六上午 10：00	野手	纸夹板、铅笔、工作表、秒表、4 个圆锥筒
			9 月 7 日星期六上午 10：30	投手、接球手	

- 是否已经阅读和理解测试流程_____
- 是否已在同意书上签字_____
- 是否参加了测试前的训练课_____
- 是否理解了测试流程_____
- 是否在测试当天没有训练_____
- 是否在测试前的 3 小时没有进食和饮用饮料（或者其他液体）_____
- 是否已服用医生要求的药物_____
- 是否在测试前有适当的休息_____
- 是否穿着合适的训练服_____
- 有没有生病_____
- 是否进行了充分的热身_____

图 4.1 运动员准备清单

场地与设备的准备

评估过程中使用的场地会影响运动员表现的质量，因此选择场地时应该考虑测试的因素。评估应该在合适的地面上进行，这样能够为运动员的脚提供安全的保护。在理想情况下，测试时使用的地面应该与比赛的地面相似或一样。例如，草坪对橄榄球运动员来说是理想的测试场地，而木质地板对篮球运动员更为合适。对于教练的挑战就是如何确保环境不会对运动员测试中的表现造成影响。环境因素包括风速、气温、湿度等，这些因素应该得到控制，因此室内场地是一个更好的选择。

每一名教练都应该提供安全的评估环境，测试场地应该足够宽敞。在速度评估中，运动员在冲过终点线后还需要一段较长的距离减速。测试场地应该没有障碍和危险。为了防止发生意外，教练必须确保运动员明白在评估过程中不可以嬉闹。另外，评估过程中的气氛应该是可控的和封闭的，观众和其他干扰物不允许进入测试区，因为这些可能会影响运动员的得分。

教练应该确保评估人员知道如何使用设备以及这些设备放置的位置。教练和评估人员应该确保在测试开始时设备已就位，并已准备好开始工作。教练还需要提供测试计分表、铅笔和纸夹板，并且确认急救设备和应急程序就位。

测试管理和测试记录

评估人员应该接受正规的训练，充分了解评估的所有程序。如果可能，他们应该管理每个评估阶段的同一评估项目，以确保可靠性和客观性。如果同一名人员不能管理同一个评估项目，那么补位的评估人员应该与原来的评估人员曾一同实施过评估。有经验的评估人员应该指导没有经验的评估人员，确保每次评估的方法和评分标准一致。评估的一致性在评估前和评估后的分析中显得尤为重要。

为了管理一个有效的、高可靠性和客观性的评估程序，评估程序中包含的因素，例如测试监督、热身活动、准备工作、激励、安全、多次评估测试和放松活动等都要考虑到。合理安排和监管这些因素可以提高测试的可靠性，使不同评估人员之间的客观性达到最大化，从而使测试结果的误差降到最低。

为了使测试管理更有效，评估人员应该为每项测试制定一个清单（见图 4.2）。评估人员应该总是可以获得已经完成的测试流程安排，以供参考。另外，所有与测试管理和评分相关的文件都应该在测试开始前准备好。

速度评估程序需要多次测试，通常是 3 次，最好记录下测试的得分。运动员在进行下一项评估前身体应该完全恢复。评估流程使用高强度、短时间的运动，对运动员的磷酸原系统要求较高，因此，运动员的身体需要 3 ~ 5 分钟的时间来完全恢复。因此，像垂直跳高和 30 码冲刺可以使用多次评估测试。每次任务都应该包含放松活动的时间，运动员可以做静态拉伸。特别是当最后一项评估项目对乳酸系统造成压力，或者持续进行高强度的活动（如 300 码折返跑），恢复时间尤为重要。身体充分放松可以帮助身体恢复。

- 测试人员分配到每个测试项目_____
- 测试设备就位并能有效运行_____
- 测试工作表、铅笔和纸夹板分配到每名测试人员手中_____
- 测试人员了解测试流程_____
- 测试的时间和地点已安排好_____
- 运动员和测试人员清楚如何执行测试_____
- 运动员做好测试准备_____
- 急救设备和应急方案已就位_____
- 所有运动员在测试前完成热身_____
- 气氛是可控的和封闭的_____
- 环境条件是安全且可接受的_____
- 测试场所开阔、干净并准备就绪_____
- 所有运动员在测试后进行放松活动_____
- 已明确数据分析和评估的责任_____

图 4.2 测试人员清单

排序

虽然有些教练自己测试速度，但在一系列测试中包含速度的评估是很常见的。当进行多次测试时，适当的排序非常重要。测试人员应先评估那些需要高协调性和反应能力的技能，然后再进行可能导致疲劳和降低运动表现的测试（Graham，1994；Harman，2008）。他们应该先进行爆发力和力量测试，这需要 3 ~ 5 分钟的恢复时间（Fleck，1983）。速度测试必须在测试早期进行，如果将其放在后面的话会引起疲劳，正确的排序有助于保持较高的有效性。

运动员准备

除了完成运动员准备清单（见图 4.1）的项目外，在测试当天，测试人员应向参与者详细描述测试内容和要求，如有可能，还要进行一次实践测试（Graham，1994；Harman，2008）。热身活动应包含动作准备和动态活动，以预防损伤和提高运动表现。在理想情况下，应标准化每个测试任务的热身活动，以确保任务间的可靠性。一个结合轻微练习的放松活动应包含在每次评估过程中，通过拉伸练习减少肌肉酸痛的可能性。

计分

教练或评估人员应该针对所要进行的整个测试设计一个计分表格。在每个测试点，每个评估人员都要有一份运动员名单，名单上有填写运动员每次测试的得分和最高得分的空白处。为了确保计分是准确且没有偏见的，评估人员或指定的助理是每个测试点唯一的计分人员。运动员不可以计分或者口头提供评估结果。

标准数据

速度和敏捷性对运动员在比赛中的表现发挥着重要作用，因此，这些参数包含在大多数关于运动表现的测试中。令人感到惊讶的是，运动人口的标准数据往往很难被找到。一个简单的解释是，技术教练或体能教练不愿意分享运动员的测试结果，或者不愿提供有效、可靠和客观的数据。因此，技术教练或体能教练应该根据自己团队的数据建立自己的标准。另外，技术教练或体能教练会设计自己的评估方案，使之更符合他们的运动要求（例如，棒球运动员 30 码冲刺测试、橄榄球运动员 40 码冲刺测试、女子垒球运动员 20 码冲刺测试）。

其他可能限制统计数据发展的因素包括测试安排问题，例如起始位置的不同（在起跑线或起跑线后 1 码的位置）、起跑姿势的不同（侧身、两点或三点起跑姿势）以及计时方法的不同（手动秒表或电子计时设备）。当测试方案的目的是比较运动员训练前和训练后的成绩，或组内不同运动员的对比（而不是与外部的标准数据对比）时，每次测试期的安排应该都是一样的，也同样没有遵照外部的标准。

因为速度和敏捷性的标准数据有限，所以大部分的标准都是由运动专项的教练们合作制订的。通过他们的支持，百分位数等级已经建立起来。表 4.2 至表 4.6 为不同的项目和运动员的速度测试提供了标准数据。

表 4.2 高中棒球

等级（%）	30 码冲刺（秒）	等级（%）	60 码冲刺（秒）
100	3.70	100	6.70
90	3.78	90	6.80
80	3.85	80	6.90
70	3.89	70	7.00
60	3.90	60	7.10
50	3.91	50	7.20
40	3.99	40	7.30
30	4.00	30	7.40
20	4.09	20	7.50
10	4.20	10	7.60

［表格来源说明：Adapted, by permission, from J. Hoffman, 2006, *Norms for fitness, performance, and health* (Champaign, IL: Human Kinetics), 110.］

表 4.3 高中女子场地曲棍球

等级（%）	40 码冲刺（秒）	等级（%）	100 码冲刺（秒）
100	5.55	100	12.77
90	5.70	90	13.73
80	5.88	80	14.11
70	5.92	70	14.32
60	5.97	60	14.55
50	6.04	50	14.71
40	6.15	40	14.95
30	6.24	30	15.43
20	6.36	20	15.85
10	6.52	10	16.25

表 4.4 不同级别的橄榄球运动员

等级 （%）	40 码冲刺，手动计时（秒）						
	级别：高中						
	位置						
	DB	RB	DL and OL	LB	QB	WR	TE
100	4.45	4.50	4.85	4.64	4.64	4.45	4.64
90	4.50	4.51	5.00	4.70	4.70	4.50	4.70
80	4.57	4.61	5.12	4.80	4.80	4.57	4.80
70	4.71	4.74	5.22	4.87	4.87	4.71	4.87
60	4.77	4.81	5.30	4.92	4.92	4.77	4.92
50	4.81	4.86	5.33	4.98	4.98	4.81	4.98
40	4.86	4.90	5.40	5.01	5.01	4.86	5.01
30	4.91	4.95	5.42	5.11	5.11	4.91	5.11
20	4.96	5.00	5.46	5.15	5.15	4.96	5.15
10	5.02	5.05	5.55	5.22	5.22	5.02	5.22

等级 （%）	40 码冲刺 （秒）					
	手记	电记	手记	电记	手记	电记
	级别					
	14 ~ 15 岁	14 ~ 15 岁	16 ~ 18 岁	16 ~ 18 岁	NCAA D1	NCAA D2
100	4.75	4.96	4.60	4.87	4.49	4.68
90	4.86	5.08	4.70	4.98	4.58	4.75
80	5.00	5.17	4.80	5.10	4.67	4.84
70	5.10	5.28	4.89	5.21	4.73	4.92
60	5.20	5.31	4.96	5.30	4.80	5.01
50	5.28	5.43	5.08	5.40	4.87	5.10
40	5.38	5.52	5.17	5.46	4.93	5.18
30	5.50	5.63	5.30	5.63	5.02	5.32
20	5.84	5.84	5.45	5.73	5.18	5.48
10	6.16	6.22	5.73	5.84	5.33	5.70

续表

40 码冲刺，手动计时（秒）							
级别：大学							
等级 （%）	位置							
	DB	**RB**	**DL**	**OL**	**LB**	**QB**	**WR**	**TE**
100	4.34	4.44	4.72	5.07	4.57	4.60	4.42	4.66
90	4.41	4.50	4.80	5.15	4.62	4.70	4.46	4.78
80	4.48	4.55	4.87	5.21	4.66	4.75	4.50	4.80
70	4.56	4.60	4.90	5.25	4.72	4.79	4.55	4.83
60	4.63	4.63	4.93	5.30	4.76	4.81	4.60	4.90
50	4.70	4.67	4.96	5.33	4.78	4.86	4.67	4.96
40	4.75	4.74	5.03	5.40	4.81	4.91	4.72	4.99
30	4.79	4.80	5.09	5.47	4.86	4.99	4.77	5.02
20	4.83	4.85	5.15	5.56	4.92	5.06	4.80	5.07
10	4.86	4.88	5.21	5.61	4.97	5.13	4.84	5.11

40 码冲刺，手动计时（秒）							
级别：NFL							
等级 （%）	位置							
	DB	**RB**	**DL**	**OL**	**LB**	**QB**	**WR**	**TE**
100	4.30	4.40	4.67	5.02	4.51	4.55	4.34	4.61
90	4.34	4.44	4.72	5.07	4.57	4.60	4.42	4.66
80	4.41	4.50	4.80	5.15	4.62	4.70	4.46	4.78
70	4.48	4.55	4.87	5.21	4.66	4.75	4.50	4.80
60	4.56	4.60	4.90	5.25	4.72	4.79	4.55	4.83
50	4.63	4.63	4.93	5.30	4.76	4.81	4.60	4.90
40	4.70	4.67	4.96	5.33	4.78	4.86	4.67	4.96
30	4.75	4.74	5.03	5.40	4.81	4.91	4.72	4.99
20	4.79	4.80	5.09	5.47	4.86	4.99	4.77	5.02
10	4.83	4.85	5.15	5.56	4.92	5.06	4.80	5.07

译者注 1：　NCAA，National Collegiate Athletic Association，全美大学体育协会
　　　　　　NFL，National Football League，美国职业橄榄球大联盟

译者注 2：　DB，Defensive Back，防守后卫　　　　LB，Line Backer，线卫
　　　　　　RB，Running Back，跑卫　　　　　　QB，Quarter Back，四分卫
　　　　　　DL，Defensive Line，防守线锋　　　WR，Wide Receiver，前锋
　　　　　　OL，Offensive Line，攻击线锋　　　TE，Tight End，近端锋

［表格来源说明：Data from Hoffman (2006) and other sources.］

表 4.5 高中男子足球

等级（%）	40 码冲刺（秒）	等级（%）	100 码冲刺（秒）
100	4.72	100	10.76
90	4.90	90	11.62
80	5.01	80	11.79
70	5.11	70	11.97
60	5.16	60	12.05
50	5.23	50	12.38
40	5.40	40	12.59
30	5.49	30	12.87
20	5.67	20	13.38
10	5.88	10	14.00

表 4.6 高中女子多项运动（足球、垒球、篮球）

等级（%）	40 码冲刺（秒）
100	5.55
90	5.70
80	5.88
70	5.92
60	5.97
50	6.04
40	6.15
30	6.24
20	6.36
10	6.52

速度评估类型

　　速度被用来表示物体运动的快慢，通常指单位时间内移动的距离。速度评估采用的距离总是少于 200 米，因为更长的距离反映的是运动员的无氧耐力或有氧能力（根据测试的距离），而不是速度，因此速度测试通常是很短的距离（Harman，2008）。根据运动员的启动技术的不同，速度测试通常可以分为两类。

▶**静态启动测试**。运动员从一个静止的姿势开始冲刺，这个测试方法远比其他测试方法更常用。从静止姿势启动的 40 码冲刺很可能是最受认可的速度评估方法。然而，其他的速度测试方法也正在获得运动员和教练们的认可，可能是因为这与他们运动专项的相关性更强（30 ~ 60 码冲刺适合棒球，20 或 30 码冲刺适合篮球，20 码冲刺适合垒球）。为了使测试的有效性最大化，教练通常根据运动员在比赛中典型的跑动距离来选择测试时的距离。

测试分段时间可以提供更多的信息，因为这可以帮助教练分析运动员在冲刺不同阶段的表现。记录冲刺时分段距离的时间可以让教练了解运动员在整个冲刺距离中的每段距离的优势和劣势。例如，如果两个运动员 40 码冲刺所用的时间一样，记录 10 码、20 码和 30 码冲刺所用的时间可以帮助教练区分两名运动员需要什么样的训练。一名运动员可能 10 码和 20 码冲刺所用的时间很短，但 30 码和 40 码冲刺的成绩一般，这就说明该运动员的加速能力很强，但保持高速度的能力一般。另外一名运动员可能 10 码和 20 码冲刺的成绩一般，但 30 码和 40 码冲刺的表现突出，这就说明他的加速能力一般，但有很强的保持高速度的能力。分段计时让教练更加充分地了解运动员。

▶**动态启动测试**。大部分的静态启动测试可以评估运动员的加速能力。正如之前的章节中提到的，有些运动员需要更长的距离达到最大速度。动态启动测试是指运动员在加速一段距离后才开始测试运动员的速度，这个测试方法可以评估运动员的最大速度。在起跑线前面有一段加速的距离，这段距离要足够长，使运动员在到达起跑线之前就能够达到最大速度。运动员冲过起跑线时开始计时，冲过终点线时停止计时。测试的距离应该反映运动专项对冲刺距离的要求。

静态启动 40 码冲刺

目的

评估运动员的加速能力。

应用

40 码是测试常用的距离，但根据运动专项项目对冲刺距离的需要，也可以选择其他的测试距离。

设备

电子计时设备。（如果使用秒表，评估人员应该在运动员的手越过起跑线时开始计时，在运动员的躯干越过 40 码终点线时停止计时。）

程序

1. 运动员进行热身运动和拉伸活动。

2. 运动员以接近最大速度的速度进行两次热身跑，作为专项热身运动的一部分。

3. 运动员站在起跑线后，一只手放在起跑线上。

4. 随着起跑指令的发出，运动员加速冲过测试距离。

5. 当运动员的躯干接触终点线时停止计时，然后运动员用 5 ~ 15 码的距离减速。

6. 记录三次试跑的最好成绩，精确到 0.01 秒。

变形

在 10 码、20 码和 30 码处放置光束设备，以评估运动员在这些距离时的速度。

动态启动 40 码冲刺

目的

评估运动员的最大速度能力。

应用

40 码是测试常用的距离，但也可以选择其他测试距离，以反映其他运动项目的运动员在比赛中需要以最大速度奔跑的距离，以及需要多长的奔跑距离达到最大速度。

设备

电子计时设备。（如果使用秒表，评估人员应该在运动员的躯干越过起跑线时开始计时，在运动员的躯干越过 40 码终点线时停止计时。）

程序

1. 运动员进行热身运动和拉伸活动。

2. 运动员以接近最大速度的速度进行两次热身跑，作为专项热身运动的一部分。

3. 运动员站在起跑线后 30 码处。

4. 随着起跑指令的发出，运动员加速向前冲刺，以最大速度到达起跑线。

5. 运动员的躯干接触起跑线的光束时开始计时，运动员的躯干接触终点线的光束时停止计时，然后运动员用 5 ~ 15 码的距离减速。

6. 记录 3 次试跑的最好成绩，精确到 0.01 秒。

变形

在 10 码、20 码和 30 码处放置光束，以评估运动员在这些距离时的速度。加速区的长度可以根据运动员的能力进行调整。

发展运动专项中的速度素质

伊恩·杰弗里斯

在之前的章节我们已经介绍了促进速度的科学原理、跑速的技术要求、提高速度的训练方法以及速度评估的指导原则。到目前为止，我们把速度看作是影响运动员总体表现的一个因素。然而，不同运动项目的运动员和同一运动不同位置的运动员对速度的专项需求也不同。这就影响着如何把速度训练应用到某一个运动专项中。虽然我们已经提及了这些不同，但是在本书后半部分将重点讲解如何在运动专项中提高速度。这可以使教练和运动员进行针对性的速度训练，从而提高运动员在比赛中的速度表现。

提高可以使运动员达到最佳比赛表现的速度需要提升被称为比赛速度的几个专项速度的能力（Jeffreys，2009）。这可以使运动员将一般速度能力应用到运动专项的比赛环境中，从而达到最佳的比赛表现，这是所有速度训练方案的终极目标。然而，加速和达到最大速度的基本能力依然构成了一个有效的速度训练方案的基础。

为了确保速度的提高可使运动员在比赛中有好的表现，运动员和教练必须对总体的速度训练方案做出调整，并选用可以反映专项比赛要求的训练方法。这可以被理解成应用性训练，是对基础速度训练的补充。制定运动专项训练时需要仔细考虑速度是如何应用到运动专项比赛中的，然后选择和使用相应的练习手段。

本章介绍了把运动专项的速度训练方案融合在一起的流程。这个流程可以用来制定任何运动的速度训练方案。第 6 章提供了针对运动专项的速度训练方案，但如果没有涉及你的运动项目，本章也提供了一个适用于任何运动的体系。

运动对速度需求的分析

提高有效的比赛速度需要了解运动员在比赛中何时需要应用速度。很明显，不同运动对速度的需求不同，同一项运动不同位置的球员对速度的需求也不同，而且这种情况更为复杂。另外，场地运动和团队运动需要做大量不同的动作，在这些动作中分析速度的应用并不容易。

尽管分析不同运动项目对速度的需求乍看起来是一项艰巨的挑战，但是问一些问题可以使这个任务变得更简单。通过回答以下问题，将会对某个运动专项速度的需求有清晰的认识，相应地可以通过精心设计的方案来解决问题。

▶运动员典型的跑动距离是多少?

▶运动员典型的移动方向是什么?

▶运动员典型的启动方式是什么?

▶运动员典型的动作组合是什么?

▶是什么触发和控制着运动员做某个动作?

▶速度和运动专项所需的技术的关联性如何?

这些问题为速度发展方案的制定提供了基本框架，速度发展方案包含一系列的练习和训练方法，使运动员的基本速度能力最大限度地转化为运动专项中的比赛速度。

典型的移动距离

之前的章节介绍了最大速度和加速度的差异，以及这两者和奔跑距离之间的关系。在一项运动中，奔跑距离通常是由外部因素决定的，例如篮球场地和网球场地的大小、美式橄榄球中进攻线锋跑动和传球的规则、棒球和垒球运动中两垒之间的距离等。在这些情况中，确定典型的冲刺距离相对容易。对于其他的场地运动，例如足球，运动员需要跑动很长的距离，而且并不都是直线向前奔跑，每个位置球员跑动的距离也不同。然而，即使在这种情况下，重点分析一名球员的

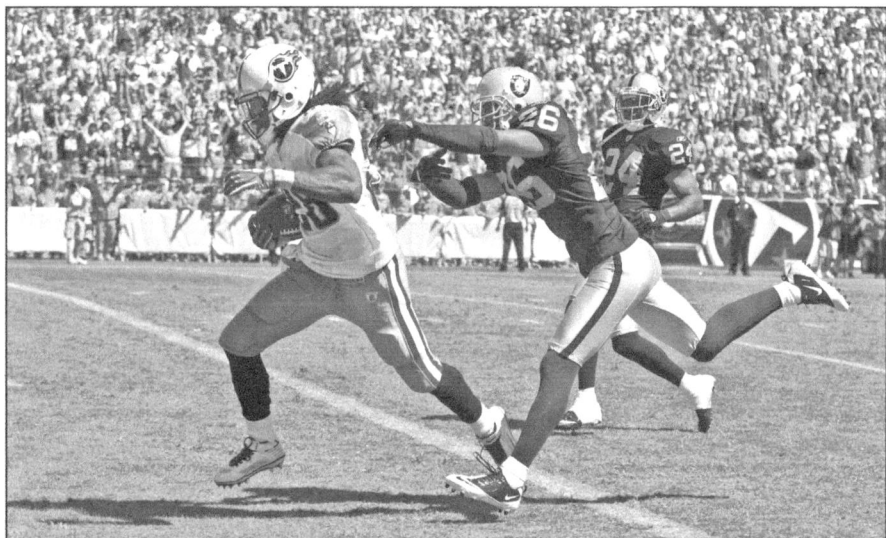

美式橄榄球球员克里斯·约翰逊（Chris Johnson）跑卫加速一段很长的距离然后达到最大速度，进而摆脱对手触地得分。

动作也可以找出他运动距离的总体模式。通过分析许多运动项目的动作可以发现，大部分运动员对加速度的依赖性要高于最大速度，所以这一点应反映到训练时间的分配和在提升运动表现方面的努力。

对运动员动作的分析应包括有球动作和无球动作两种情况。在很多运动中，运动员做动作时处于无球的状态。运动员无球时的动作模式和有球时的动作模式可能不同。例如在英式橄榄球比赛中，当有球时，争球前卫跑动的距离一般比较短，而在接应或防守掩护的无球状态下跑动的距离会更长些。这些模式应该反映到冲刺距离的分配上，同样也影响提升最大速度的作用。更长的跑动距离或动态启动加速可能表明了运动员在无球时接近和达到最大速度比有球时更为重要。

典型的移动方向

田径中短跑冲刺的方向是单一维度的，它要求运动员从起跑线直线位移到100米外的终点线。然而大多数运动不是这样的，要求运动员向多个方向冲刺。虽然这看起来很复杂，但是一旦运动员处于运动状态，多方向的跑动和直线冲刺并没有显著的不同。重要的是运动员从不同方向开始加速和变向的能力。这些动作被称为初始运动（Jeffreys，2007），教练可以确定运动员需要冲刺的最典型的方向。例如启动动作发生时有三个主要方向：向前方、向侧方和向后方，其他的方向只是根据这三个方向的小幅调整。在大多数运动中，一旦运动员开始朝一个方向运动，运动员就开始了一个更为典型的加速模式。因此，加速的能力是绝大多数运动的基础，主要区别在于加速的距离和动作。

然而，不同于径赛的短跑选手，场地运动和团队运动的运动员不可能一直朝一个方向加速，相反，他们很可能要在某些位置进行变向。就变向而言，主要有两大方向：向侧方变向或向前后方变向。仔细分析运动中的动作，我们会发现，多方向速度只是这些动作方向的组合，运动员拥有上述这些能力，再加上出色的加速和减速能力，就能有效地向不同方向移动。

运动方向的另一个重要方面就是曲线奔跑的概念。许多运动员的运动轨迹并不完全是直线的，他们会根据比赛情况做出小幅度的改变。这种情况下，变向并不是大幅度的，运动员的跑动轨迹是曲线模式，在这个过程中同时需要保持跑速。分析运动中的典型变向动作可以找出曲线运动在哪里发生，以及曲线运动发生时最典型的方向组合是什么。这些曲线模式的速度可以通过针对性的练习来发展提高。

典型的启动模式

起始的启动姿势也是运动员需要重点关注的一个方面，尤其是从静态启动（棒球一垒的击球手）或者动态启动（网球运动员发球后向网前移动）。场地运动和短跑冲刺的启动姿势有很大的不同。

在实际情况下，团队运动和场地运动很少使用统一的启动模式。即使都是静止状态下启动，但是准备动作可能不一样（双脚与肩同宽站立、双脚前后交错站立或者三点姿势），运动的最初方向也可能不一样（向前方、向后方、向侧方或者这三者的结合）。考虑到这些不同，运动员应该掌握所有典型的启动姿势以应对比赛中的不同情况，这些都可以通过训练来实现。

然而，大多数传统的冲刺训练方案都主要练习从静止状态开始的冲刺，这样就不能完全地转化成比赛中的情况。在许多运动中，运动员冲刺并不是从静止状态开始的，而是从运动状态开始的，这被称为动态启动。在这种情况下，运动员已经处于运动状态，而当时的比赛形势要求他们加速。在比赛中，这类的情况很多，速度训练应该加入对这些动作的训练，以提高运动员从运动状态中开始加速的能力。

动态启动时冲刺的方向、距离和启动前的模式可以是不同的。例如，足球运动员经常从运动状态开始加速，这些运动可以是直线的，也可以是多方向的，球员在加速前可能是在左右滑步或向后退。所以，在加速前，运动员的动作模式可以是多种多样的。再进一步细分，随后的动作可能要求直线加速，但也可能包括向侧方或后方加速。这些不同的动作模式要求运动员进行针对性的练习。教练和运动员应该找出他们在比赛中需要运用的典型的运动模式，然后把这些模式融入速度训练方案中。

另外，我们需要评估动态启动的目的。在很多情况下，动态启动是一个过渡动作，为运动员下一个主要运动做准备。运动员在移动的同时随时准备为比赛中出现的情况做出反应。因此，他们必须使自己处于能够感知比赛情况并快速、高效地做出反应的姿势。因为运动员后续动作的质量往往取决于过渡动作的质量，所以运动员应该对这些过渡动作加以练习和掌握。同样，相关的动作组合和连接也需要练习，这样他们才可以在比赛中高效地运用。

针对运动专项的速度训练需要对典型的启动模式进行分析。以下几个方面需要关注。

▶**静态启动** 静态启动包含以下重要的组成部分：

- **姿势** 一般来说，左右脚前后站立是一个很好的选择，这是一个更高效的加速姿势。当运动员可以做出选择时，会优先选择这一姿势。然而，在一些情况下，运动员必须采用双脚平行的启动姿势，如果是这样，运动员应该从这种姿势开始练习。

- **随后的移动方向** 尽管随后的移动方向通常是直线的，但也并不完全是这样的。例如，为了能更好地看见投手，棒球运动员在一垒时呈双脚平行的姿势，然后再向二垒侧向加速冲刺。

▶**动态启动的关键变量**　动态启动有 4 个需要确定的重要变量：

- **距离**　动态启动的距离影响运动员可以达到的速度。如果动态启动的距离相对较长，运动员就能够达到更高的速度。在许多运动中，运动员动态启动的距离可长可短，所以运动员对不同动态启动距离的启动模式都需要练习。

- **方向**　必须确定动态启动的方向。

- **典型的动作模式**　一旦确定了在动态启动时使用的典型的运动模式（如横向滑步），运动员就可以练习专项动作的组合，从而提高从动态启动后快速加速的能力。

- **随后的运动方向**　动态启动的方向主要是直线的，但也可能是多方向的，例如，网球运动中要求在对手在击球前做小的起跳或滑步后快速地向侧方加速。

▶**动态启动作为过渡动作**　动态启动可能用在运动员准备对比赛形势做出反应的时候。在这种情况下，动态启动的焦点应该是在对启动后动作的控制和动作的质量上，而不是在速度上。

典型的动作组合

对动态启动的讨论自然而然地引出了对动作组合的讨论。在体育运动中加速是一个孤立的运动，加速在比赛中的某个时间点发生，而在加速之前，运动员会有一个启动动作或者过渡动作（Jeffreys，2006a；Jeffreys，2006b）。一个简单的盗二垒动作也可以分为这几个部分：双脚平行站立、髋部转动、加速、减速和滑垒。在这种情况下，这个动作组合可以放在一起训练，这样运动员就能把整套动作变成一项熟练的技能。这与舞蹈动作类似，其质量取决于每个动作以及彼此之间相互衔接的质量。

即使是最复杂的技术也可以分解成典型的动作组合，以便运动员可以进行针对性的提高训练。在这里，速度和敏捷性是相互依存的，并不能被分开，因为良好的比赛表现需要运动员在这些能力中找到平衡。这就是为什么我们有些时候最好把速度训练当成是动作训练或者比赛速度训练。

阿莱克斯·摩根（Alex Morgan）同时拥有速度和敏捷性，从而可以摆脱防守球员，找到射门得分的机会。

教练应该鼓励运动员在比赛中展示出他们的速度。他们必须全面地发展各种动作组合的能力，并将其整合到运动专项的速度训练方案中。尽管传统上速度和敏捷性被看成是运动表现的不同方面，但事实上，在运动项目中这两者应该被看成是同一种素质，其目的在于使运动比赛中动作的速度和质量都达到最理想状态，从而达到最佳运动表现。例如，一名篮球运动员如果想要突破上篮，他可能需要先做出一个空切的移动，试图变向并创造空间（敏捷性），随后立即加速冲向篮筐（速度）。

最好的运动员能够使他们的速度和敏捷性的表现达到最佳，然后将这些表现有效地融入比赛时的任务中。尽管基本的速度能力是运动表现的基础，但是除非能够将其应用到比赛环境中，以及应用到该比赛对动作和技术的要求上，否则基本的速度能力永远不能让运动员达到最佳表现。在这里，发展比赛速度的概念是最有用的，在某种程度上，其重点在于发展速度以最大限度地提高将速度转换到运动表现上的能力（Jeffreys，2009）。

塔库瓦次·恩格温亚（Takudzwa Ngwenya）在球场上冲刺，根据对手和队友的移动决定他的动作和移动。

感知刺激

　　比赛速度几乎总是由外部信号刺激而触发的。我们有时可以看到，在40码冲刺时，速度更慢的运动员击败了速度更快的运动员，那是因为他们对比赛形势做出了更快的反应。短跑运动员经常在听到"砰"的一声时就快速地开始跑动，这是发令枪提供的外部信号。这是一个相对简单的信号，反映了短跑比赛相对闭合的性质。在许多运动中，速度是由许多信号触发的，包括听觉和视觉信号。例如，篮球运动员根据队友、对手和球的移动做出反应。这些信号的性质和位置为速度训练提供了一个高度专项化的环境。球员的移动是由许多信号触发的，而不是一个简单的"走"字或者哨声。这些反应能力可以通过训练提高。但是，需要确保这些能力是建立在拥有扎实的技术模式（见第3章）的基础之上，而且不应该以牺牲加速能力和最大速度技术为代价。同样，在比赛环境中的上佳表现也是建立在力量和爆发力训练的基础之上的。

运动专项的需求

如果运动员到达他们的目标区域后却不能做出比赛所需要的技术动作，那么所有的速度都是没有价值的。最重要的是制定一份训练方案，运动员必须按照运动专项的需求执行所有的技术训练。为了达到这个目的，把对运动专项的需求整合到训练中就很重要。例如，对于网球运动员，在加速过程中还包含了对球拍的使用，球员到达任何位置后必须能够做出击球的动作。在这种情况下，可以将有球训练整合到速度训练中，这也提供了一个运动专项的训练方法。

教练和运动员就可以将运动专项对速度的需求进行分解，然后根据分析的结果找出需要提高的关键元素。分析时应该确定基本的移动模式，从这些模式中构建训练方案以提高运动员在专项比赛中运用速度的能力。另外，即使某项运动在第 6 章中没有涉及，我们在这里提供的信息也可以帮助教练或运动员设计一份提升速度的专项训练方案，使运动员可以最大限度地将训练成果直接转化到提高运动表现。

运动专项的速度训练

之前的章节介绍了影响速度的基本因素、速度的生物力学基础、速度提高的关键技术成分、如何测试速度以及应用专项速度训练的原则。在本章中，知名的专家们将介绍如何将速度训练应用到运动专项中。

在这里，重要的并不是练习本身，而是如何使练习能够满足运动专项对速度的要求。教练可以参考第5章中讲到的训练体系选择练习动作以提高运动专项对速度的需求。要注意练习并不是一定针对某一项运动专项，因为许多练习可以适用于不同的运动项目。这些练习的重点在于提高运动员的基础能力，例如加速、减速和以最大速度奔跑的能力，这些基础能力对很多运动来说都是常见的，因此运动员需要适当地提高这些能力。这些方案使用了第3章中的许多基础练习，运动员的基本速度能力获得提高后，就可以进行适用于运动专项的练习了。使用这种方法时，对本章中未涉及的运动项目，教练或运动员也能够选择满足其速度发展需求的练习。

针对运动专项的速度训练

运动项目	页码
棒球	90
篮球	100
美式橄榄球	115
冰球	135
英式橄榄球	145
足球	156
网球	170
径赛项目	187

棒球

弗兰克·斯帕尼奥尔（Frank Spaniol）

速度永不衰退（Speed never slumps），这是经常在棒球运动中提到的一句话。虽然可能有点言过其实，但毫无疑问，无论是对于进攻一方还是防守一方，速度都会对他们的运动表现产生重大的影响。

棒球运动中的速度

许多年以来，60 码冲刺一直被用来测试棒球运动员的速度，并被许多教练和球员认为是黄金标准。职业棒球运动员 60 码冲刺的平均完成时间约为 6.92 秒；外野手通常是最快的球员，60 码冲刺的平均完成时间是 6.89 秒；内野手平均完成时间是 6.97 秒；接球手通常是最慢的球员，平均完成时间为 7.19 秒（Coleman and Lasky，1992；Spaniol，2007；Spaniol et al.，2005）。最快位置的球员一般是中野手、游击手和垒手。

除了 60 码冲刺测试，一些职业球队会测试球员 30 码的分段速度。外野手再度成为最快的球员，他们前 30 码的平均完成时间为 3.69 秒，后 30 码的平均完成时间为 3.20 秒；内野手前 30 码的平均完成时间为 3.37 秒，后 30 码的平均完成时间为 3.24 秒；接球手速度最慢，前 30 码的平均完成时间为 3.83 秒，后 30 码的平均完成时间为 3.36 秒（Coleman and Lasky，1992）。

棒球运动中速度的实际意义

尽管简单的冲刺速度对棒球运动很有用，但运动专项的速度经常更能决定比赛的胜负。棒球运动中最常见的对专项速度的评估是测量击球手击球到一垒的时间。在主要的棒球联赛中，使用右手的击球手上一垒的平均完成时间为 4.35 秒，而使用左手的击球手上一垒的平均完成时间是 4.31 秒。尽管这 0.04 秒的差别看起来并不大，但是这实际相当于左手击球手比右手击球手提早约 10 英寸（25 厘米）的距离上一垒。很明显，这会影响运动员是否能够上垒或者出局。

在 60 码冲刺中，外野手从本垒上一垒的速度最快，平均完成时间为 4.24 秒（中外野手平均完成时间为 4.16 秒，左外野手平均完成时间为 4.30 秒，右外野手平均完成时间为 4.29 秒）。内野手速度第二快，平均完成时间为 4.36 秒，其中中内野手平均完成时间为 4.27 秒（游击手平均完成时间为 4.26 秒，二垒手平均完成时间为 4.27 秒），其他两个内野手平均完成时间为 4.44 秒（一垒手平均完成时间为 4.50 秒，三垒手平均完成时间为 4.39 秒）。捕手从本垒到一垒的平均完成时间为 4.48 秒（Coleman and Dupler，2005）。所以，这些冲刺时间意味着什么？与球员在棒球比赛中的表现是否密切相关？

为了回答这些问题，让我们看看在一垒时地滚球和随后动作的实际意义。中野手早于游击手 2.1 英尺（0.64 米）上一垒，早于三垒手 4.91 英尺（1.50 米）上一垒，早于捕手 6.28 英尺（2.08 米）上一垒。游击手早于右野手 0.73 英尺（0.22 米）到达一垒，早于左野手 0.8 英尺（0.24 米）上一垒，早于三垒手 2.88 英尺（0.88 米）上一垒和早于捕手 4.56 英尺（1.39 米）上一垒。二垒手早于右野手 0.52 英尺（0.16 米）到达一垒，早于左野手 0.59 英尺（0.18 米）上一垒，早于三垒手 2.68 英尺（0.82 米）上一垒，早于捕手 4.34 英尺（1.32 米）上一垒（Coleman and Dupler，2005）。显然，在一个被称为"英寸的比赛"（a game of inches）的运动来说，这些差别对于球员安全上垒来说至关重要，对球队的胜利与否也产生重大影响。

另外，速度对防守也有很大的影响。在外野，更快的球员在一个特定的时间能兼顾更大的场地区域。这使球员可以做出更多动作，对手安打的次数就更少。在内野，更快的球员可以比更慢的球员做更多的动作，提高球队的防守得分。所有这些都说明，更快的速度可以使单个球员更好，也可以提高一支球队的整体表现。

基于这些研究结果，速度显然在棒球比赛中起着重要的作用。有趣的是，由于比赛时运动员跑动的距离较短，他们很少会达到最大速度（Cronin，2009）。事实上，加速度比最大速度在棒球比赛中的重要性更大，因为在这项运动中需要爆发性的启动和制动（Gambetta，2007）。

力和速度

我们在第 1 章中讲到，根据牛顿第一运动定律（加速度定律），一个物体的加速度取决于作用于该物体的力与该物体的质量。因此，运动员需要有能力施加一个最大的地面反作用力（这和他们的体重有关），从而产生一个更大的相对加速度（Cronin，2009）。随着作用在物体上力的增加，物体的加速度也会增加。随着物体的质量增加，物体的加速度相应地减少。所以，当体重上升时，除非力也成比例增加，否则加速度会降低。因此，球员的体重对于加速度也非常重要，当球员增重时，他需要努力增加去脂体重（肌肉），这可以产生更大的力。

除了提高力（力量），棒球运动员也需要注意保持一个合适的体成分。职业棒球投手的体脂含量为 12.3%，捕手为 11.5%，内野手为 9.4%，外野手为 8.4%（Coleman，2000）。大学和高中球员的体脂比例要稍微高一点（Spaniol，2007；Spaniol，2005）。为了达到最大速度，棒球运动员应该努力保持去脂体重、脂肪重量和力（力量）的最佳平衡。

针对棒球运动的专项速度训练

尽管理解棒球运动速度背后的科学知识很重要，但是对这些知识的实际应用对于教练和运动员来说才是最重要的。因此，对进攻和防守的加速度和速度进行训练是必不可少的。球员在棒球比赛中需要对外界信号（通常是击出或扔出的球）做出快速反应。从防守的角度来说，球员必须在一个开阔的环境中训练，这样方便随时向任何方向做出反应。第一项训练就应该注意这一点。落球训练是一个很好的训练，因为它简单易行且富有竞争性，而且训练球员对这种"刺激－反应－加速"的能力时比赛中的表现也非常重要。

从进攻的角度来说，跑垒需要从静止的跑姿过渡到爆发式的加速（额状面）、旋转或交叉步（水平面），然后进入冲刺姿势（矢状面）。之后的训练对于过渡到全速冲刺很有效（Coleman，2009）。

落球

目标 提高对于防守至关重要的"刺激 – 反应 – 加速"的能力。

动作 这项训练需要使用一个网球和硬度足够的地面，使球弹跳至少两次。运动员先进入防守位置，可以是双脚平行或双脚前后交错的运动姿势，面向一名 5 码之外的同伴或教练。随着教练或同伴使球从肩膀高度下落，运动员向前冲刺，在球第二次落地前将球抓住（需要确保地面可以使运动员安全冲刺）。见图 6.1。

指导要点

● 运动员在球下落时启动并保持加速的姿势。

● 手臂摆动强而有力，手的摆动范围从肩膀高度到刚刚超过髋部。

● 膝关节向前和向上爆发式地摆动，同时另外一侧腿强有力地蹬地。

变化 在训练时，教练或同伴可以朝运动员相反的方向移动，或者降低球下落时的高度，从而提高训练的难度。在每次成功抓住球后，运动员会发现再增加半步或完整一步的距离都很困难。运动员先向左进行交叉步练习，然后向右进行交叉步练习。这种训练也可以让球员背向同伴或教练，当球员转身后，在球弹跳两次之前发现球并将其抓住。还有一个增加球员反应速度的方法是，同时使用三名同伴或教练，他们分别在球员的左侧、右侧和前方，与球员距离相等。随机使球下落，球员做出反应，向不同方向加速，从而提高球员的反应速度。

图 6.1 落球

10 码启动

目标 提高运动员在开始跑垒时的加速能力。

动作 这项训练需要一条起跑线，以及 10 码开外由几个圆锥筒标记的终点线。在热身之后，运动员开始呈跑垒姿势站立，右脚踩在起跑线上（见图 6.2a）。运动员可以自己决定何时启动，或者根据视觉信号做出反应（如投手），然后从跑垒姿势向前冲刺，通过加速到达 10 码开外的终点线（见图 6.2b）。教练记下运动员从身体开始移动到越过终点线所用的时间。运动员练习 2 ~ 3 次启动和 3 ~ 5 次冲刺。在每次冲刺后，运动员走回到起跑线，休息 10 ~ 15 秒，然后再开始下一次奔跑。平均完成时间为 2.0 秒，或者更快。1.8 ~ 1.9 秒是相当不错的成绩，少于 1.8 秒则非常出色。

指导要点
- 启动并保持一个高效的加速姿势。
- 手臂摆动强而有力，手的摆动范围从肩膀高度到刚刚超过髋部。
- 膝关节向前和向上爆发式地摆动，同时另外一侧腿强有力地蹬地。

a. 跑垒姿势

b. 向前冲刺

图 6.2 10 码启动

30 码冲刺

目标 提高启动和过渡的加速能力。

动作 训练使用两个相距 30 码的圆锥筒。运动员在一个圆锥筒处呈跑垒姿势后启动，通过交叉步向另外一个圆锥筒冲刺，跑完 30 码的距离并记录时间（见图 6.3a ~ 图 6.3c）。从运动员开始移动计时到越过第二个圆锥筒停止。运动员练习 2 ~ 3 次启动，3 ~ 5 次奔跑。每次练习后走回到起跑点，然后休息 10 ~ 15 秒，再重复下一次奔跑，这与棒球运动员盗垒失败或安打后冲刺的休息时长大致一样。平均完成时间是 3.5 秒或更少，3.3 ~ 3.4 秒是不错的成绩，少于 3.3 秒则非常出色。

指导要点

- 加速姿势、手臂摆动和膝关节前摆都与 10 码启动一样。
- 运动员在奔跑时慢慢地向一个更加直立的姿势过渡。
- 通过高效的髋部转动进行加速冲刺。

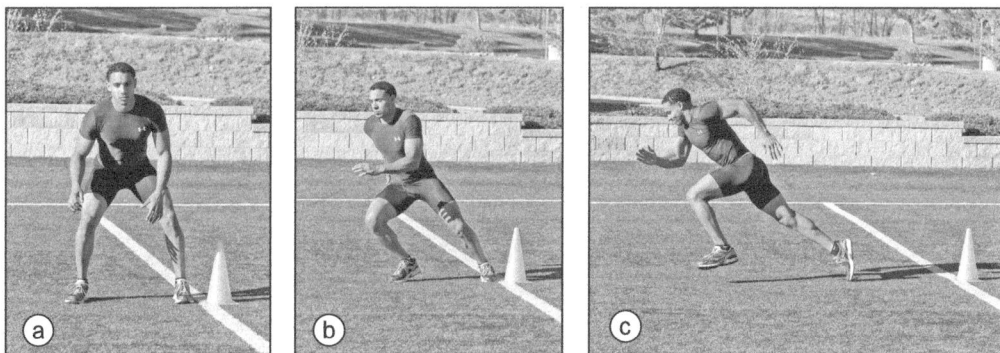

图 6.3 30 码冲刺

曲线奔跑（一垒到三垒）

目标 提高运动员从一垒到三垒冲刺的能力。这是一项很重要的能力，因为进攻球员需要进行曲线奔跑，如果曲线奔跑的动作效率不高，那么就会浪费大量的时间。

动作 将3个圆锥筒放置在外野区警戒道上，第一个放在中场的右侧，第二个放在中场内，第三个放在中场的左侧，圆锥筒之间相距30英尺（约10米）。运动员根据信号从一垒跑向三垒，沿着外野曲线奔跑，向第三个圆锥筒冲刺。从运动员开始移动计时到越过第三个圆锥筒停止。运动员练习2 ~ 3次启动，3 ~ 5次奔跑。平均完成时间是7.5秒左右，7.0秒是不错的成绩，少于7.0秒则非常出色。见图6.4。

指导要点

- 运动员的动作从开始启动加速过渡到快速奔跑，在奔跑过程中身体姿势逐渐直立。
- 运动员在曲线奔跑时保持匀速。
- 运动员奔跑时向曲线内侧倾斜，同时保持高效的姿势。

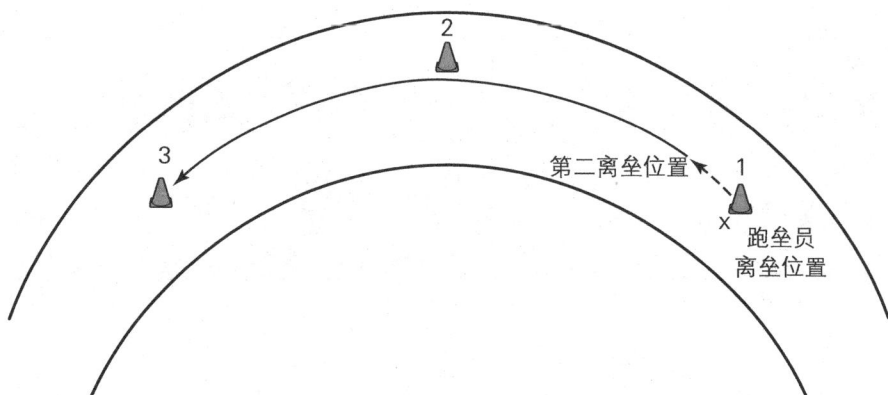

图6.4 曲线奔跑（一垒到三垒）

曲线奔跑（本垒到二垒）

目标　提高从本垒到二垒的冲刺能力。

动作　将 3 个圆锥筒放置在外野区警戒道上，第一个放在中场的右侧，第二个放在中场内，第三个放在中场的左侧，圆锥筒之间相距 30 英尺（约 10 米）。运动员根据信号从本垒跑向二垒。这个动作和前一项训练类似，不同的是运动员是从击球手的姿势开始启动，而不是跑垒姿势。从运动员开始移动计时到越过第三个圆锥筒停止。运动员练习 2 ~ 3 次启动，3 ~ 5 次奔跑。每次练习后走回到起点，休息 10 ~ 15 秒再开始下一次训练。平均完成时间是 8.5 秒左右，8.0 秒是不错的成绩，少于 8.0 秒则非常出色。见图 6.5。

指导要点

- 运动员的动作从开始启动加速过渡到快速奔跑，在奔跑过程中身体姿势逐渐直拉。
- 运动员在曲线奔跑时保持匀速。
- 运动员奔跑时向曲线内侧倾斜，同时保持高效的姿势。

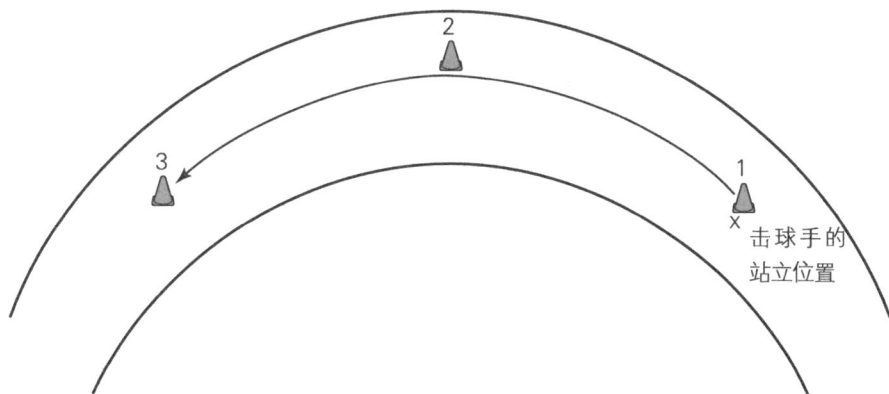

图 6.5　曲线奔跑（本垒到二垒）

地滚球冲刺

目标 提高"刺激－反应－加速"的能力，这对良好的内野防守至关重要。

动作 随着一名同伴或教练击出地滚球，运动员需强力加速进行防守。开始时运动员呈防守姿势，面向本垒板。教练准备好击球姿势，然后向运动员击出地滚球。可以使运动员更靠近教练或同伴，从而增加难度。教练或同伴用不同力度、朝不同方向击出地滚球，使球远离运动员。这就要求运动员朝不同方向移动并加速，从而加强反应能力。见图 6.6。

指导要点

- 运动员从初始防守位置开始加速，并保持加速姿势。
- 手臂摆动强而有力，手的摆动范围从肩膀高度到刚刚超过髋部。
- 膝关节强力向前和向上摆动，同时另一侧腿强有力地蹬地。

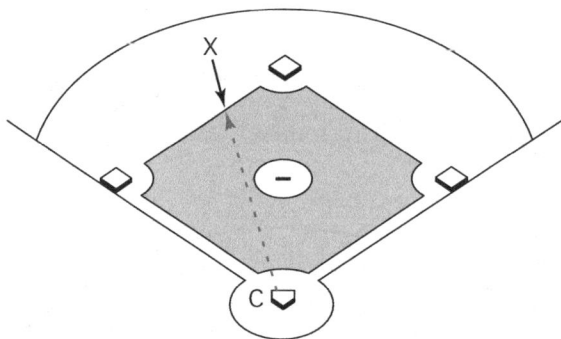

图 6.6 地滚球冲刺

飞球冲刺

目标 提高"刺激 – 反应 – 加速"的能力，这对良好的外野防守至关重要。

动作 随着一名同伴或教练击出飞球，运动员强力加速并抓住球。开始时运动员呈防守姿势，面朝本垒。教练放好击球位置，然后朝运动员方向击出飞球。运动员冲刺并抓住球。可以使运动员奔跑更大的区域，从而增加难度。教练或同伴用不同力度、朝不同方向击出飞球，使球远离运动员。这就要求运动员朝不同方向移动和加速，从而增强反应能力。见图 6.7。

指导要点

● 运动员从初始防守位置开始加速，并保持加速姿势。

● 手臂摆动强而有力，手的摆动范围从肩膀高度到刚刚超过髋部。

● 膝关节强力向前和向上摆动，同时另一侧腿强有力地蹬地。

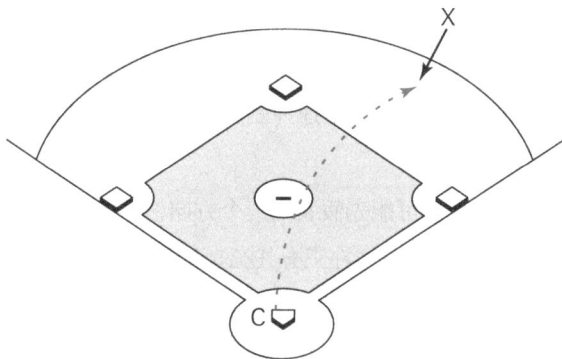

图 6.7 飞球冲刺

篮球

埃尔·比安康尼（Al W. Biancani）

篮球是一项速度运动，更具体地说这是一项加速运动。这很大程度是由球场的大小决定的：94 英尺长，50 英尺宽（国际场地为 28 米长，15 米宽）。因此，运动员必须尽可能快地达到最大速度，加速能力对于高水平的进攻和防守都至关重要。即使在小型的场地运动中，比赛大部分时间也只是在一个更小的区域内进行，所以球员必须击败与其位置对应的对手，从而获得比赛的胜利，这也使速度变得至关重要。

篮球运动中速度的实际意义

与加速度同样重要的是运动员在篮球比赛环境中产生并运用速度的能力。我们观看比赛后就会发现，球员不仅向前跑，也会向侧方或后方移动，也有曲线移动。例如，他们经常从防守姿势转换成全速冲刺的快攻，或者他们在后撤时突然以最快的速度向前加速。

在进攻回合中，运动员可能先假装向一个方向移动，然后朝场地的另一个方向加速。举个例子，一名进攻球员在三分线弧顶外做 V 形的空切动作，转变方向，向另外一个底角冲刺，然后再接传球。这种情况下，运动员的移动轨迹是曲线。同时，防守球员需要展现出高效的速度和动作能力，以跟上进攻球员的动作。防守的成功与否在于防守球员能否紧跟他负责防守的进攻球员。因此，速度和高效的动作非常重要。

在比赛中，最能展现速度的可能就是快攻了，在快攻中，一名进攻球员持球冲在所有球员的前方，试图在没有防守的情况下完成上篮，这时一名防守球员必须紧紧地跟上。显然，运动员提高速度可以使他们在比赛中具有优势，从而提高他们比赛的攻防质量。

提高篮球比赛中的速度

之前讲到的篮球比赛中速度的例子为篮球运动中的速度训练方案提供了依据。

运动员需要从站立姿势和接球投篮姿势开始加速到进攻与防守中所需的速度，从而完成他们在比赛中的任务。这些动作要求运动员从不同的姿势开始加速，向不同的方向加速，同时，需要加速的距离也大不相同，因此这些都需要训练。另外，运动员加速通常是对队友、对手和篮球的移动做出的反应，在有球和无球的状态下都需要进行加速练习。进攻球员需要在冲刺的时候运球，这就强调了速度和基本运动技术之间的紧密关系。

针对篮球运动的专项速度训练

篮球运动对球员的加速能力有明显的要求，因此许多球队会对他们的球员进行半场速度测试。根据球员位置的不同，1.8 ~ 2.3 秒是不错的成绩。如果运动员掌握正确的奔跑动作并且提高他们的加速能力，他们半场测试的成绩将会提高0.1 ~ 0.2 秒，对于这么短的距离来说，这已经是巨大的进步。许多球员的奔跑姿势并不正确，这限制了他们的加速潜力。这一节接下来的内容将介绍奔跑的技术和加速、基于手、脚快速移动的奔跑的技术和加速能力。之后的练习动作将这些能力应用到篮球比赛中。

奔跑技术

有效的冲刺动作将确保力与加速方向都是向前的，使速度达到最大。运动员必须一直强调和保持正确的加速动作。对篮球运动很重要的四个加速时的要点是手臂动作、髋部动作、身体前倾和高效的脚步移动（步幅和步频）。以下训练将帮助运动员掌握正确的奔跑技术。

运动员必须明白快速奔跑时手臂动作的重要性。简单地说，手臂动作影响腿部动作：运动员的手臂摆动得越快，他们的腿就能移动得越快，从而达到更高的速度和产生更快的加速度变化。有效的手臂动作包括肩膀放松，手臂高效地前后摆动，合适的手臂弯曲角度和舒适的手掌位置。

第一个手臂动作的组成部分就是手臂的摆动。其重点在于放下和放松肩膀，这样手臂就能自由地摆动。手臂沿直线前后摆动，摆动幅度不能太大。如果手臂摆动幅度过大，就会导致肩膀向侧向滑动，从而导致上半身发力过度，身体不能沿直线奔跑。手臂在摆动时应靠近身体，贴在上衣上滑动有助于改善这一动作。

掌握了手臂的摆动技术，教练就可以教授正确的手臂角度了。运动员手肘弯曲的角度为 90 度～ 105 度，手臂从肩膀高度在一个平面上向下和向后摆动。手肘角度不应改变过大，否则会减少杠杆的功率和相对应的腿部摆动力量。手臂在向后摆动时手掌不要超过髋部，向前摆动时手掌高度也不要超过下巴或肩膀。运动员可以在镜子前练习这些技术，这样就可以自己纠正手臂动作。

手臂动作和腿部动作密切相关，高效的腿部动作是通过髋部向前摆动腿部，然后使双腿交替摆动，这要求髋关节具备较好的稳定性和灵活性。如果臀部过于僵硬将限制膝关节完全弯曲的能力，从而缩短步幅，减少推进力，最终降低速度。

运动员冲刺时是有节奏地失去或获得平衡，正确的身体前倾动作可以使这种现象的效率最大化。在教学和训练时，可以将奔跑的步伐分解成三项训练内容，或者说是 ABC 训练：高抬腿训练（A 训练）、前腿前伸后拉训练（B 训练）、后腿伸展训练（C 训练）。A 训练和 B 训练可以提高运动员发展最大速度的技术，但对高水平运动员的作用有限，因为高水平运动员的训练应更注重速度在篮球运动中的应用，要求更多地以加速为基础的训练。运动员可以在每天的热身时进行跑步技术的训练。

坐姿手臂摆动

目标 提高手臂的摆动效率。

动作 运动员坐在地上，腿伸直，手臂快速摆动，想象双手在打一个放在髋部高度的邦哥鼓（Bongos），打鼓的动作可以使运动员手臂动作更快更有力。手臂往回摆动力量越大，对侧脚推蹬到下一步的力量就越大。当运动员使用正确的手臂动作并发力时，就能轻微地弹离地面。在训练过程中，手肘的角度不应该大幅改变。见图 6.8。

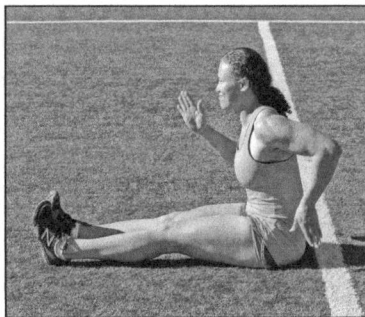

图 6.8 坐姿手臂摆动

指导要点

- 强调在髋部位置进行打鼓动作，手臂贴近躯干，尽可能与上衣产生摩擦。
- 提醒球员手臂动作的重要性，因为手臂速度会影响腿部速度。
- 手臂在前摆时手掌应该到达肩膀的高度，后摆时到达髋部的位置。

前倒

目标 强化加速时正确的姿势。

动作 运动员用双脚的跖骨球站立，手臂弯曲贴近身体，呈起跑姿势，准备迈出第一步（见图 6.9a）。从准备姿势后，运动员向前倾倒，并迈出第一步（见图 6.9b）。运动员的身体要自然地进入第一步前倾动作：躯干尽可能保持挺直，从头部到脚踝呈一条直线，有一种很高的感觉。

指导要点

- 使身体姿势保持一条直线。
- 膝关节向前和向上强有力地摆动。
- 手臂向前强力摆动，以配合腿的摆动。

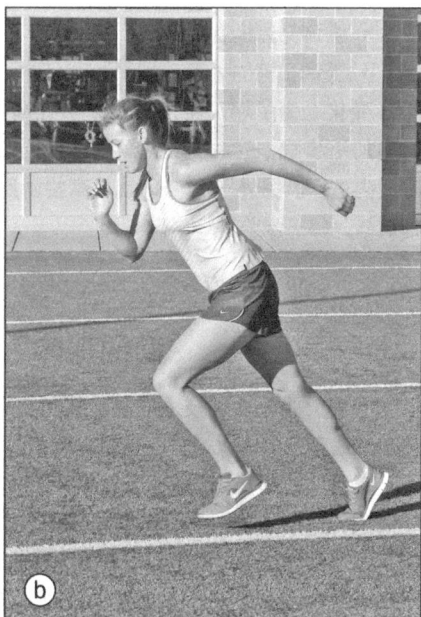

a. 前倾　　　　　　　　　　　　　　　b. 第一步

图 6.9 前倒

高抬腿（A 训练）

目标　强化体前技术的抬腿动作。

动作　运动员面朝前方，身体尽可能地挺直，然后向前移动，前腿膝关节抬高，使每次跨步时大腿与地面平行，支撑腿保持伸直。运动员一侧脚用跖骨球支撑，另一侧腿蹬地膝关节抬起，脚在踝关节处背屈。完成规定距离或时间的练习，如 10 米或 4 ～ 6 秒。见图 6.10。

指导要点

- 强调训练时的节奏，抬腿动作要流畅，动作幅度要足够大。
- 强调脚在膝关节后方，以及支撑腿要挺直。
- 强调身体挺直。
- 强调正确的手臂动作。

变化　为了增加难度，运动员在高抬腿的同时增加垫步跳，这种训练也可以在规定的距离和时间内进行。另外一种变化就是高抬腿跑。运动员可以在篮球场或草场上进行高抬腿跑训练，每三步前进一米。

图 6.10　高抬腿（A 训练）

前腿前伸后拉（B 训练）

目标　强化冲刺技术的腿前伸和交替摆动动作。进行这项训练的同时，可以进行垫步跳或奔跑训练以增强腘绳肌和臀肌的力量。

动作　运动员单腿站立，抬起另外一侧腿的膝关节，然后伸展下肢，再向后扒地（主动回拉）。然后脚跟朝髋部回收。用相同的腿重复这个动作（见图 6.11a ～ 图 6.11d）。完成规定距离或时间的练习，如 10 码或 4 ～ 6 秒。一个强有力的回拉动作强调扒地和将脚跟踢向髋部的动作。接下来运动员弯曲脚踝，将脚跟移至髋部下方的位置，快速高效地重复这个动作。运动员能持续正确地完成这个动作后，就可以在练习中加入冲刺时的手臂摆动动作。

指导要点

- 指导运动员在伸展小腿前先抬起膝关节。主动回拉的动作可以使脚蹬向地面。根据牛顿第三定律，运动员蹬地的力量越大，地面的反作用力也越大，从而推动运动员向前进。

- 扒地的那只脚的落地位置应该靠近站立的那只脚的位置，从而使蹬地的力量最大。如果脚落地的位置离身体前方太远，作用力就会变小，从而减少动量和功率。
- 强调高效的手臂动作。

变化 运动员在练习这个动作的同时向前移动，开始时先军步走，然后再垫步跳。在奔跑行进时也可以抬高膝关节，腿向前伸，然后再主动后拉。动作的重点是主动后拉或扒地。向下的动作应缓慢，注意保持身体前倾。上半身应该在身体重心的前面，每次迈步时都是脚的跖骨球着地，而不是整个脚掌。

a. 抬起膝关节

b. 伸展下肢

c. 回拉

d. 抬脚

图 6.11 前腿前伸后拉（B 训练）

后腿伸展或交换跳（C训练）

目标 强化蹬地动作和强调体后技术。

动作 运动员使用腿的蹬伸动作，尽可能地全力向前蹬地。运动员前腿膝关节应该高抬，后腿完全伸展。见图6.12。

指导要点

- 腾空时间越长越好。
- 注重后腿完全伸展，且用脚趾蹬离地面。
- 强调提膝动作。
- 手臂一直强有力地摆动。运动员可以双手同时前后摆动，或者交替前后摆动，摆臂幅度要大。

变化 在做这个动作时可以同时垫步跳，强调跳跃的高度，前腿提膝，后腿完全伸展，蹬地将身体向前推进。接下来，从一只脚交换到另一只脚，并强调后腿的完全伸展。当前腿提起并保持时，后腿应完全伸展。在交换跳中尽可能向远跳。

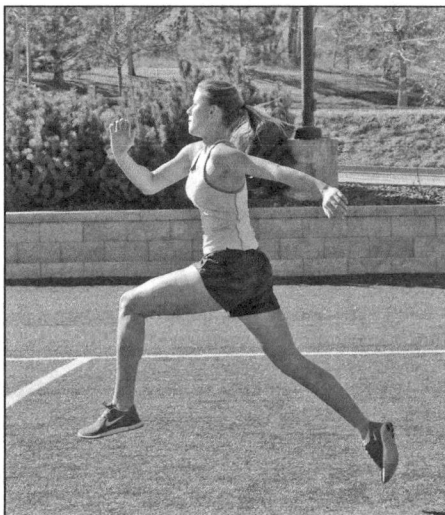

图6.12 后腿伸展或交换跳（C训练）

踢臀

目标 强化回摆阶段的技术。良好的柔韧性和用脚跟向后踢臀的动作可以增加运动员动作的幅度，从而增加步幅。

动作 运动员向前奔跑，脚跟尽量后踢使其能够踢到臀部。手臂弯曲，从肩膀高度放松地摆动，向后摆至髋部位置（如同打鼓）。行进时脚跟尽可能快地触碰到臀部，但向前移动的每一步距离应较小。见图 6.13。

指导要点

- 运动员身体后方动作的幅度应该受到限制，如同身后有一面墙。
- 强调良好的活动范围。

图 6.13 踢臀

数字 8

目标 提高运动员髋关节的灵活性。

动作 运动员步行前进，加大髋关节的动作，画出一个数字 8 的形状。骨盆向前翻转达到最大的活动范围。能够持续、正确地完成这个动作后，就可以在之后的训练中加入适当的手臂摆动动作。见图 6.14。

指导要点

- 动作应该保持流畅。
- 当髋部移动时，上半身没有任何多余的动作。

图 6.14 数字 8

加速

考虑到篮球场面积较小且比赛均以短距离为主，因此加速能力对球员在球场上的表现非常关键。运动员的加速能力在初期可以通过一般性训练得到提高，但随着这些能力的增强，加入与篮球相关的练习有利于运动员运用他们的加速能力直接来提高比赛中的表现。在完成奔跑技术训练后，以下四项训练可以进一步地提高运动员的加速能力。

▶四步训练

▶滑步和加速训练

▶快速手脚动作训练

▶抗阻跑训练

四步训练

目标 通过逐渐增加步幅的长度，提高运动员在攻防转换时从静止到全速冲刺的快速加速能力。

动作 在地板上标记出起跑线和四步的距离。第一步距起跑线 30 英寸（约 75 厘米），第二步距第一步 40 英寸（约 100 厘米），第三步距第二步 50 英寸（约 125 厘米），第四步距第三步 60 英寸（约 150 厘米）。运动员站在起跑线上，以四分之一速度开始跑完四步，避免第一步与第二步之间犹豫。运动员的脚应该落在每一步的标记线内。运动员应从较低的启动姿势开始，然后身体逐渐抬起。见图 6.15。

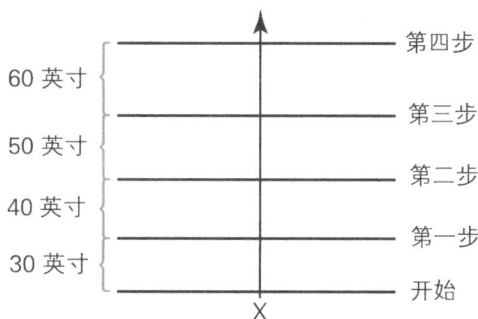

图 6.15 四步训练

指导要点

- 强调了运动员启动后前四步或前五步的重要性，运动员在前几步时应该迸发出很强的爆发力。
- 注重起跑时的手臂摆动，这可以增强第一步时的爆发力。
- 强调手臂向髋部的后摆，手臂摆动越有力，对侧脚的蹬地力就越大。
- 强调手臂摆动的速度，手的摆动速度决定了腿的摆动速度。
- 鼓励运动员在迈这四步时想象自己是一个四挡的变速箱。

变化 这项训练的重点是提高技术，而不是达到最大速度。训练应循序渐进，逐渐过渡到 75% 的力，然后到 100% 的力。这项技术可以想象成一个平稳的过渡（像一个装备四挡变速箱的拖车）。运动员的加速技术很熟练后，就可以运球进行这项训练。

滑步和加速训练

目标 提高运动员侧向移动时的加速能力。

动作 将3个圆锥筒放置在一条直线上，每两个圆锥筒之间相隔5码。运动员在圆锥筒1和2之间来回侧向滑步，然后用四步加速向圆锥筒3冲刺。见图6.16。

指导要点

● 提醒运动员在滑步时一直保持运动姿态。

● 强调了前四步或前五步在起步时的重要性，运动员在前几步时应该迸发出强大的爆发力。

● 注重起跑时的手臂摆动，以增强第一步时的爆发力。

● 强调腿向前和向上摆动，使加速能力最大化。

变化 加速训练可以从多种起始状态开始，例如后退过程中再加速前进。训练方法应该反映出运动员在比赛中从何种运动状态开始加速。在训练初期，运动员可以自己决定何时加速，在之后的训练中可以加入指令，运动员对指令做出反应，开始加速动作。

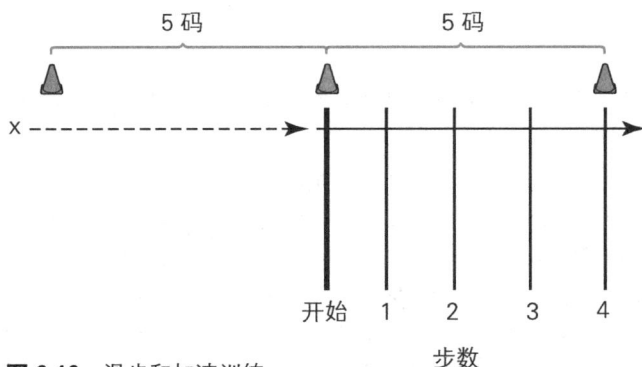

图 6.16 滑步和加速训练

快速手脚动作训练

目标 提高手脚移动的速度，提高从静止到跑动状态的平稳的加速能力。

动作 教练用木条、塑料条或胶带在地上标记一个起跑点以及若干条线（或横档），线与线之间的距离逐渐变长。第一条线距起跑线18英寸（约45厘米），第二条线距第一条线24英寸（约60厘米），之后的线距前一条线的距离分别为30英寸（约75厘米）、36英寸（约90厘米）、42英寸（约105厘米）和48英寸（约120厘米）。接下来，教练在最后一条线前48英寸（约120厘米）处设立10个高度较低的栏架，栏架高度可以是3、5或7英寸（约7.5厘米、13厘米和18厘米）。运动员可以先用3英寸（约7.5厘米）的栏架，随着能力的提高增加栏架的高度。3英寸（约7.5厘米）栏架之间的距离为48英寸（约120厘米），5英寸（约13厘米）栏架之间的距离为54英寸（约135厘米），7英寸（约18厘米）栏架之间的距离为60英寸（约150厘米）。

运动员加速通过地面上的标记线，就如同通过一个速度梯那样，强调通过手与脚的快速运动来带动腿快速地交替摆动。然后再立即冲刺通过10个栏架，每两个栏架之间迈两步。运动员应该重复进行这项训练，这样可以帮助他们使用双腿来主导这个加速动作。在将所有的训练放在一起进行前，运动员可能需要先进行跨栏训练。开始训练时两个栏架之间可以只迈一步，之后的训练迈两步。在两个栏架之间迈两步需要非常快的手臂动作。见图6.17。

指导要点

- 故意将横条和栏架之间的距离设置为比正常的加速和跑步的步伐短，这是为了发展运动员快速的手脚动作。
- 强调平稳、快步地加速。
- 在通过横条时，注重使用快速的手脚动作。快速的手臂摆动很重要，强调快速的手臂摆动带动快速的脚步移动。
- 强调整个训练过程中保持正确的奔跑动作。
- 注重使用正确的加速技术。
- 注重保持通过10个栏架时的速度。

变化　训练过程中，在栏架之间可以用一只脚也可以用双脚。以下的两个变化训练是很好的训练方法，但这些可以根据需求做出修改。

- 变化1：匀速通过10个3英寸（约7.5厘米）的栏架，完成后慢慢地走回起跑线以恢复体能，重复完成10次。
- 变化2：加速通过栏架。
    - 通过10个3英寸（约7.5厘米）的栏架，重复5次。
    - 通过10个5英寸（约13厘米）的栏架，重复5次。
    - 通过10个7英寸（约18厘米）的栏架，重复5次。
    - 慢慢地走回起跑线以恢复体能。

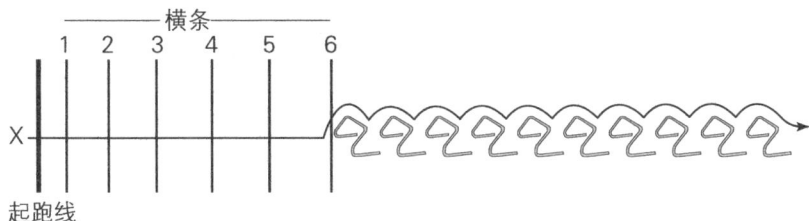

图6.17　快速手脚动作训练

抗阻跑训练

目标 强化后蹬的动作技术。

动作 提供阻力的方法有很多：雪橇、减速伞等（见第 3 章）。在本项训练中，运动员在腰间套一根阻力管，一名同伴在身后拉阻力管提供阻力。运动员冲刺一段距离，手臂用力向髋部后摆，在奔跑过程中强调正确的姿势。正如第 3 章中讲到的，阻力要保持在一个较低的水平，确保不会对运动员的冲刺技术造成负面影响。见图 6.18。

指导要点

- 注重起跑时手臂的摆动，以增强第一步的爆发力。
- 强调腿向前和向上摆动，使加速能力最大化。
- 整个动作中保持正确的加速姿势。
- 整个过程中必须强调高效的手臂动作。

图 6.18 抗阻跑训练

加速后减速

目标 提高球员加速后迅速减速并形成防守姿势的能力。

动作 使用 5 个圆锥筒，两个圆锥筒之间相距 5 码。运动员站在一个圆锥筒旁边，呈防守姿势，然后朝前方的另一个圆锥筒加速，在到达圆锥筒之前迅速减速或停止（见图 6.19a 和图 6.19b）。在到达圆锥筒时立即进入一个防守姿势。

指导要点

- 注重起跑时手臂的摆动，以增加第一步的爆发力。
- 强调腿向前和向上摆动，使加速能力最大化。
- 提醒球员在接近第二个圆锥筒时，缩短步幅，降低重心，增加双脚之间的横向距离。

a. 冲刺

b. 重新呈防守姿势

图 6.19 加速后减速

加速过人

目标 提高球员进攻时的加速能力，以击败对手。

动作 运动员位于三分线上或附近，呈三威胁姿势，一名同伴站在其正前方一码处。在这个位置，运动员运球加速过掉对手，完成上篮或扣篮。见图 6.20。

指导要点

- 运动员第一步要快，在运球绕过对手时球要在手上并远离对手。
- 运动员呈一个高效的加速姿势。

变化 防守球员可以试图阻止

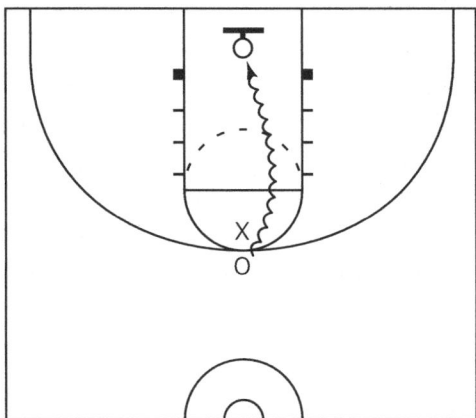

图 6.20 加速过人

进攻球员运球经过，从而增加训练的竞争性。这要求进攻球员做出强硬的动作以骗过防守球员，获得突破的空间。

接球后加速

目标 提高在比赛环境中的加速能力。

动作 运动员持球站在 3 分线 2 码开外，一名同伴站在 3 分线内 3 码的距离。运动员将球传给同伴，然后立即向篮筐加速。同伴再将球传回给运动员，后者完成上篮或扣篮。见图 6.21。

指导要点

- 运动员注重快速的加速。
- 提醒运动员调整脚步和身体姿势，以接好传球，同时保持匀速，然后再调整动作并得分。

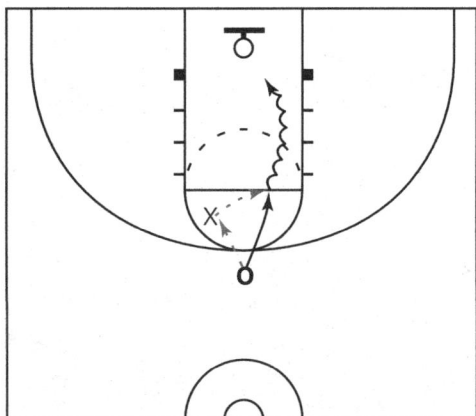

图 6.21 接球后加速

美式橄榄球

杰夫·基普（Jeff Kipp）

橄榄球是一项许多运动员同时参与的运动，球员的最佳身体结构是由他们所打的位置决定的。然而有一项能力可以使所有位置的橄榄球运动员处于优势地位：比对手更快。曾有人说过，在橄榄球运动中，力量可以惩罚对手，但速度可以制胜。橄榄球的速度训练可以很复杂，也可以很简单，这是由教练的选择决定的。并不需要花很多钱去购买昂贵的器械。尽管橄榄球比赛中对运动员速度的要求取决于他们所打的位置，但是场上所有的运动员都可以通过训练受益从而使速度变得更快。

橄榄球运动中的速度

与大多数场地运动一样，橄榄球比赛中速度不仅是直线的，用尽可能快的速度从 A 点直线到达 B 点并不是唯一重要的速度能力的体现。向任何方向迈出强有力的第一步，这对于使比赛速度最大化有重要作用。另外，运动员需要有很强的移动能力，使身体处于一个优势姿势，从而更好地做出加速、减速或变向等动作。除了姿势，橄榄球运动员也需要具备尽可能高效且快速地横向移动的能力。

一名运动员的速度和敏捷性可以促进他们对场上形势的分析与辨别，以及对场上形势做出快速且正确的反应。运动员在做出反应动作或变向动作后的再加速能力很重要，这可以使运动员推进尽可能多的距离，并限制对手推进的距离。

橄榄球运动中速度的实际意义

根据球员位置的不同，速度的实际意义也不同。以下信息探索了几个重要的考量因素。

第一步加速

训练第一步的动作，或者直线移动时第一个爆发式动作，可以帮助运动员克服惯性，尽可能快地且爆发式地使身体重心从静止状态进入移动状态。这项训练的目的在于让运动员学会正确的身体姿势和角度，包括胫骨角度越小，移动时可以产生越大的爆发力。

橄榄球运动的第一步并不是直线向前的，更多情况下是侧向或是有角度的。第一步必须快而有力。对持球进攻的球员来说，爆发式的第一步可以使他在阻挡和对抗防守时身体处于有利位置。对于防守的球员来说，爆发式的第一步可以在被阻挡或躲避阻挡时发挥重要的作用。接下来要介绍的训练方法将教会运动员有效的第一步所需要的正确的身体姿势和爆发式的移动技巧。

加速

运动员的加速能力是橄榄球一个重要的组成部分，也应该成为训练的重点。加速度是运动员速度的变化率，训练的目标在于提高运动员在增加跑速时的变化率，使运动员在最短的时间内达到最大速度。

减速

减速是橄榄球运动员训练中经常被忽视的一个方面。教练要求运动员进行大量的变向训练，却没有考虑他们是否准备好了承受变向和减速时的冲击力。为了使运动员在移动时受伤的概率降到最低，教练应该考虑到运动员的下肢和关节的力线。在进行变向训练前，运动员应该进行充足的减速训练，使他们在敏捷性训练及场地训练时的变向更为高效。橄榄球比赛时要求球员向所有方向移动，因此一个训练方案应该包括不同方向和角度的加速和减速训练。

识别和反应

教练应该帮助运动员提高他们在训练时的识别能力和反应能力。橄榄球运动员对场上形势的正确认识和快速反应的能力，对于他们在场上的发挥起着重要的作用。对于识别能力和反应能力的训练可以加入到速度训练中，从而节省训练的时间并增加训练的复杂性。大多数运动员在训练中速度都比较慢，因为他们需要思考和反应。

在速度训练中加入识别和反应训练的目的在于，缩小他们在特定训练中的最大速度与他们需要对刺激做出反应时更慢的速度之间的差距。昂贵的灯光和计时系统可以为运动员提供这样的刺激，但教练通过手掌、球和身体的动作发出的视觉或听觉信号也是简单有效的提供刺激的方法。另外，这些信号也可以是比赛中运动员需要做出反应时的情形。

包含识别能力和反应能力的训练既可以是简单的，也可以是复杂的。例如，橄榄球下落，运动员需要在球两次弹跳前抓住它，这就是一个简单的训练。可以在敏捷训练中让运动员对教练或同伴迈出的一步做出反应。这个训练可以根据球员位置的不同而变化。例如，跑卫向信号相反的方向移动，避免被擒抱，而线卫则向信号的来源方向移动。

最大速度

尽管橄榄球是一项与角度、杠杆、加速和变向等多种因素相关的运动，但是所有球员都可以从最大速度训练中获益。虽然球员在比赛中需要跑动的距离和全速奔跑的机会根据他们的位置不同而大不相同，但提高最大速度还是有益的（了解最大速度的好处可以重温第 2 章中对最大速度的讨论）。在训练时使用最大速度或接近最大速度的速度可能不是训练的重点，但肯定是训练时需要考虑的一个方面。

针对橄榄球运动的专项速度训练

根据球队的情况选择适宜的训练方法对于橄榄球运动或体能教练来说是一个挑战。在训练方案的设计和练习动作的选择上，需要考虑空间、时间、人员、年龄、经验和运动员的训练水平等因素。为训练课选择一个明确的重点可以缩小选择的范围，从而帮助教练设计出一堂针对性很强且高效的训练课。

一个简单的区分训练重点的方法就是将训练方案按照直线和多方向来划分。提高直线速度可以使用作用力向前的动作练习，例如向前启动、加速、减速和最大速度跑。多方向速度训练需要考虑向任何方向的爆发式启动，以及随后的加速、减速和变向。将练习和训练分成这几类可以帮助教练明确训练的重点。

考虑运动员的训练水平也很重要。大多数运动员需从基本动作开始练习，为将来的训练打下坚实的基础。所有的运动员都应该按照一个合理的进度进行训练，为之后训练中的更有难度、更复杂的动作做好准备。有些运动员的进度会比其他人更快，因此运动员的差异也应该考虑到。

接下来将介绍一些提高橄榄球比赛中的速度的训练方法。对一名球员来说，单个练习可能意义不大，但是将这些练习组合到一起，选择合适的训练量和强度，他可以获得全面的提高（见表6.1）。整个训练方案需要设定一些目标，以及达到这些目标的计划。这个计划应该明确训练的目标、采用的练习、训练量、训练强度和恢复时间。

表6.1 计划表格

日期	12月 第1~4周 赛季后/过渡期	1月 第5~8周 休赛季1	2月 第9~12周 休赛季2	3月 第13~16周 春训	4月 第17~20周 休赛季3	5月 第21~24周 休赛季4	6月 第25~28周 休赛季5	7月 第29~32周 休赛季6	8月 第33~36周 赛季前/秋训	9~11月 第37~49周 赛季中
练习										
单腿跳箱爆发性训练（单重反应）		3×（4~6）（每条腿）			3×（4~6）（每条腿）					
单腿跳箱爆发性训练（多重反应）			3×（4~6）（每条腿）				3×（4~6）（每条腿）	3×（4~6）（每条腿）		
双脚平行立定跳远（单重反应）	3×4				3×4					
双脚平行立定跳远（多重反应）		3×4			3×4					
双脚平行立定单脚跳		2×4			2×4					

续表

日期	12月 第1~4周 赛季后/过渡期	1月 第5~8周 休赛季1	2月 第9~12周 休赛季2	3月 第13~16周 春训	4月 第17~20周 赛季3	5月 第21~24周 休赛季4	6月 第25~28周 休赛季5	7月 第29~32周 休赛季6	8月 第33~36周 赛季前/秋训	9~11月 第37~49周 赛季中
练习										
双脚交错立定跳远（单重反应）	3×3（每边）				3×3（每边）					
双脚交错立定单脚跳		2×4（每条腿）				2×4（每条腿）		3×（3~4）（每条腿）		
横向立定跳远（单重反应）	3×4（每条腿）				3×4（每条腿）					
横向立定跳远（多重反应）		2×4（每条腿）				2×4（每条腿）				
单脚跳（单脚起跳，另外一只脚着地）横向立定跳远			4~6（每条腿）				4~6（每条腿）			
横向半蹲后蹬地（平衡）	3×4（每条腿）				3×4（每条腿）					

续表

日期	12月 第1~4周 赛季后/过渡期	1月 第5~8周 休赛季1	2月 第9~12周 休赛季2	3月 第13~16周 春训	4月 第17~20周 休赛季3	5月 第21~24周 休赛季4	6月 第25~28周 休赛季5	7月 第29~32周 休赛季6	8月 第33~36周 赛季前/秋训	9~11月 第37~49周 赛季中
练习										
横向半蹲后蹬地（多重反应到保持平衡）		3×(3~4)(每条腿)			3×(3~4)(每条腿)					
横向半蹲后蹬地（多重反应到保持平衡）			3×(3~4)(每条腿)				3×(3~4)(每条腿)	3×(3~4)(每条腿)		
有角度的半蹲蹲地(平衡)	3×4(每条腿)				3×4(每条腿)					
有角度的半蹲蹲地(多重反应到平衡)			3×(3~4)(每条腿)				3×(3~4)(每条腿)	3×(3~4)(每条腿)		
栏架滑步（横向移动跨过3个栏架，然后返回）	3×4(每条腿)									
栏架滑步（双重反应）	4(每边)				4(每边)					

续表

日期	12月 第1~4周 赛季后/过渡期	1月 第5~8周 休赛季1	2月 第9~12周 休赛季2	3月 第13~16周 春训	4月 第17~20周 休赛季3	5月 第21~24周 休赛季4	6月 第25~28周 休赛季5	7月 第29~32周 休赛季6	8月 第33~36周 赛季前/秋训	9~11月 第37~40周 赛季中
练习										
栏架滑步 （三重反应）		4 （每条腿）				4 （每条腿）				
栏架滑步 （单次往返）		2 （每条腿）				2 （每条腿）				
栏架滑步 （双次往返）			2 （每条腿）				2~4 （每条腿）			
栏架滑步 （三次往返）								2~4 （每条腿）		
栏架滑步再向前冲刺			3 （每条腿）			3 （每条腿）				
撑墙蹬摆 （保持姿势）	2×3 （每条腿）				2×3 （每条腿）					
撑墙蹬摆 （轻拍）	2×6 （每条腿）				2×6 （每条腿）					
撑墙蹬摆 （军步）	3×6 （每条腿）				3×6 （每条腿）					
撑墙蹬摆 （单重反应）	3×8	3×8			3×8	3×8				
撑墙蹬摆 （双重反应）		3×4 （每条腿）	3×6 （每条腿）			3×4 （每条腿）	3×6 （每条腿）			
撑墙蹬摆 （三重反应）			3×6				3×6	3×6		

续表

日期	12月 第1~4周 赛季后/过渡期	1月 第5~8周 休赛季1	2月 第9~12周 休赛季2	3月 第13~16周 春训	4月 第17~20周 休赛季3	5月 第21~24周 休赛季4	6月 第25~28周 休赛季5	7月 第29~32周 休赛季6	8月 第33~36周 赛季前/秋训	9~11月 第37~49周 赛季中
练习										
撑墙蹬摆（快速）			2×5秒				2×5秒	3×5秒		
登山式（单重反应）	3×8	3×8			3×8	3×8				
登山式（双重反应）		3×4（每条腿）	3×4（每条腿）			3×4（每条腿）	3×6（每条腿）			
登山式（三重反应）			3×6				3×6	3×6		
登山式（快速）			2×5秒				2×5秒	2×5秒		
前倒启动（6码）	6				6					
前倒启动（10码）		6				6				
前倒启动（15码）			6				6	6		
进进出出		3	5			3	5	6~7		
四圆锥筒方形敏捷性训练（注重在每一阶段动作模式的质量）	2~3（每条腿）									

续表

日期	12月 第1～4周 赛季后/过渡期	1月 第5～8周 休赛季1	2月 第9～12周 休赛季2	3月 第13～16周 季训	4月 第17～20周 休赛季3	5月 第21～24周 休赛季4	6月 第25～28周 休赛季5	7月 第29～32周 休赛季6	8月 第33～36周 赛季前/秋训	9～11月 第37～49周 赛季中
练习										
四圆锥筒方形敏捷性训练		2～3 (每条腿)			2～3 (每条腿)	2～3 (每条腿)		2～3 (每条腿)		
Z字形敏捷性训练(注重在每一阶段动作模式的质量)	2～3 (每条腿)									
Z字形敏捷性训练		2～3 (每条腿)			2～3 (每条腿)	2～3 (每条腿)		2～3 (每条腿)		

　　在设计训练方案时，一般的建议包括将训练分为直线训练和横向训练（见表6.2和表6.3）。先进行简单的训练，然后再逐渐增加难度。快速伸缩复合训练对于速度训练方案同样适用。可以从双脚动作进阶到单脚动作，从单重动作反应练习到多重动作反应练习。如果训练的目的是增强速度和爆发力，那么建议有足够的恢复时间。

表 6.2 直线速度和加速训练计划

1 月 1 ~ 7 日，第 5 周，第 1 天

训练的重点在于直线方向启动的第一步和加速。运动员从第 1 组开始训练，然后按顺序训练至第 6 组。

第 1 组	第 2 组	第 3 组
热身 20 次开合跳 20 次交叉步 20 次越野滑雪动作 20 次分腿开合跳	动态柔韧性 1 次弓步 5 次自身体重深蹲 5 次反向腘绳肌拉伸 5 次抱膝和股四头肌拉伸 5 次手足走	逐渐增加 以 50% 的最大速度跑 2×25 码 以 75% 的最大速度跑 2×25 码 以 100% 的最大速度跑 2×25 码
第 4 组	第 5 组	第 6 组
速度技能 3 × 8 次撑墙蹬摆训练 （单重反应） 3 × 每边 4 次撑墙蹬摆 训练（双重反应） 6 × 10 码前倒启动	爆发性训练 3 × 4 次单腿跳箱爆发性训 练（单重反应） 2 × 4 次双脚交错立定跳远 2 × 4 次单脚跳立定跳远	放松 / 拉伸 10 分钟牵拉带拉伸

表 6.3 横向速度训练计划

1 月 1 ~ 7 日，第 5 周，第 2 天

训练的重点在于横向速度。运动员从第 1 组开始训练，然后按顺序训练至第 6 组。

第 1 组	第 2 组	第 3 组
热身 5 分钟跳绳（不同花样）	动态柔韧性 5 次侧弓步 5 次交叉弓步 5 次蜘蛛人俯卧撑 5 次侧抱腿 5 次直腿军步走	逐渐增加 2 × 25 码横向垫步跳 2 × 25 码交叉步跑 2 × 25 码 100% 的最大速度
第 4 组	第 5 组	第 6 组
横向移动 每边 4 次栏架滑步 (三重反应) 每边 2 次栏架滑步（单次往返） 2 × 每边 3 次横向半蹲 蹲地（多重反应到保持平衡）	敏捷性 每边 3 次四圆锥筒方形敏 捷性训练 3 次 Z 字形敏捷性训练	放松 / 拉伸 10 分钟泡沫轴滚动

单腿跳箱爆发性训练

目标 提高直线方向启动的第一步速度和加速能力。

动作 运动员将一只脚放在一个 6 ~ 15 英寸（15 ~ 38 厘米）高的跳箱上（或体育场台阶或露天看台），保持双脚与髋部同宽的站姿。放在箱子上那侧腿的胫骨与支撑腿平行。手臂放松，手肘弯曲呈 90 度角（见图 6.22a）。运动员站在跳箱的一侧，保持身体前倾并且保持双脚与髋部同宽分开站立，这样运动员蹬离跳箱时不用担心踩着箱子。一只脚放在跳箱上，另一侧腿蹬离地面，强有力地摆膝向前，保持踝关节背屈（脚趾指向胫骨），身体尽量向上摆起。在做这个动作时，运动员的手臂摆向相反的方向，保持放松，手肘保持 90 度弯曲的状态。手臂的动作大部分发生在肩关节（见图 6.22b）。运动员在完成这个动作时避免弯腰驼背。

指导要点

- 背部挺直，眼睛水平直视前方。
- 摆膝向前时，髋部不可向后移动。
- 提醒运动员从静止姿势开始尽可能地爆发式地移动，同时避免反向动作。

变化 运动员在开始这项练习时使用一个较低的跳箱，以提高协调性，然后再逐渐提高箱子的高度，以强化力量和动作的幅度。这个动作更像是跑动时的高抬腿。另外，可以先在训练中加入单重反应训练，然后再加入多重反应训练。具体来说，运动员可以将对视觉和听觉的指令做出反应的训练融入训练方案中。

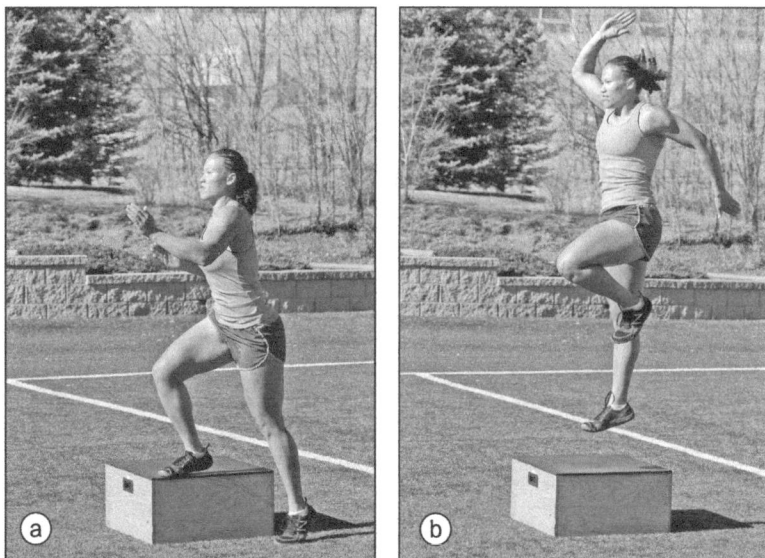

a. 起始姿势

b. 踝关节背屈，另一侧腿的膝向前和向上摆动

图 6.22 单腿跳箱爆发性训练

双脚平行与双脚交错立定跳远

目标 提高直线方向启动的第一步速度、加速和减速能力。

动作 运动员呈运动姿势或准备姿势，膝关节和髋关节稍稍弯曲，双脚完全与地面接触，身体重心稍稍前移，对脚的跖骨球施加更多的压力（见图6.23a）。应采用双脚平行的姿势站立，直到能够轻松自如地完成这一练习并学会爆发式地向前移动髋部和身体重心。当运动员熟练后，可以使用双脚交错的姿势站立，目的在于双腿同时蹬离，而不是一侧腿。在使用双脚平行的姿势时，双脚间距离应该与髋部同宽，或者稍宽于髋部，双脚并排站立。在使用双脚交错的姿势时，双脚也应该与髋部同宽，或者稍宽于髋部，但是一只脚在另一只脚的后方，后一只脚的脚趾与前一只脚的脚跟对齐。

无论是从哪种起始姿势，运动员向前跳跃时，髋部的向前移动距离都要尽可能地远（见图6.23b）。当运动员的髋、膝和踝关节完全伸展时，把脚跟拉向臀部，同时脚踝背曲（脚趾指向胫骨），产生一个轮转的动作。然后再屈曲髋部，向前摆膝，脚后跟拉起越过起跳线（见图6.23c）。运动员落地时应该"钉"在地上，而不是用跳步或迈步保持身体平衡。为了使跳远后能快速做出下一个动作，跳远的落地姿势应该与双脚平行的起始姿势相似，而且落地时要避免深蹲。

指导要点

- 起跳前全脚掌完全与地面接触，身体重心在前脚跖骨球上，这样能够更大程度地使用股四头肌和臀肌，以使踝关节吸收力最小。
- 背部和胸部挺直，头部处于中立位，眼睛直视前方5～10码的距离，不要看双脚。
- 提醒运动员双脚起跳，落地时要站稳。

变化 为了增加难度，运动员可以跳过1～2个6英寸（约15厘米）的栏架。还有一个增加难度的方法是，运动员先在原地小跳（脚踝小跳）再跳远，从而增加拉长－缩短周期的适用。教练可以引入识别和反应训练，在教练发出视觉或听觉指令后，运动员才开始起跳。另一种变化动作是横向立定跳远，起跳姿势可以是双脚平行或双脚交错。运动员应该双脚同时起跳和同时落地。

a. 双脚交错的起始姿势

b. 完全伸展和髋部前移

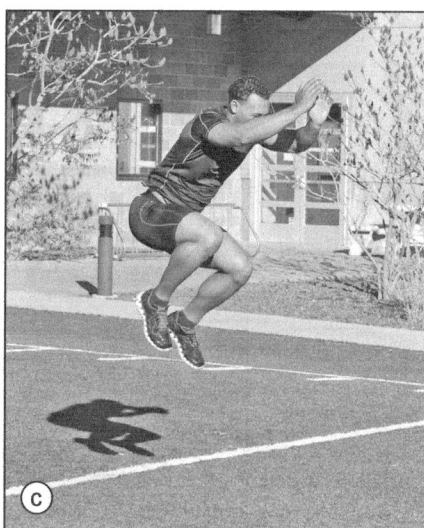

c. 向前摆膝和脚后跟拉起并越过起跳线

图 6.23 双脚平行与双脚交错立定跳远

横向或有角度的半蹲蹬地（平衡）

目标 提高横向移动时启动的第一步速度、横向移动的减速能力和变向速度。

动作 运动员开始时呈半蹲姿势，大腿处于稍稍高于与地面平行的高度。膝关节弯曲，髋部向后，胸部挺起。双脚的距离稍宽于髋部，这能够为运动员提供稳固的支撑。从这个半蹲的姿势开始，运动员用一侧腿蹬离地面（后腿）向体侧移动，用另一侧腿落地（前腿）。在进行这项练习时，运动员是横移或有角度的前移。脚落地时应该站稳，保持半蹲姿势。髋部后坐，并且是水平的。在移动髋部和后腿时，应尽可能地保持平衡。见图 6.24。

指导要点

- 在横移时全脚掌完全与地面接触，身体重心在前脚跖骨球上，这样能够更大程度地使用股四头肌和臀肌，以使踝关节吸收力最小。
- 背部和胸部挺直，头部处于中立位，眼睛直视前方 5 ~ 10 码的距离，不要看双脚。
- 落地时应站稳，不要倒地或再额外地跳步或迈步以保持身体平衡。

变化 为了增加难度，运动员可以跳过 1 ~ 2 个 6 英寸（约 15 厘米）的栏架。在训练时能保持正确的身体姿势后（已重复进行数次训练），运动员可以开始进行多重反应训练。开始时运动员根据指令只向一个方向前进，然后可以根据指令进行变向（例如向相反方向或有角度的方向冲刺、转身再加速跑、后退跑）。教练可以引入反应和认知训练，运动员在教练给出视觉或听觉的指令后才开始移动。例如，教练可以向运动员前方扔一个反应球或一个网球，要求运动员做出反应去抓住这个球。

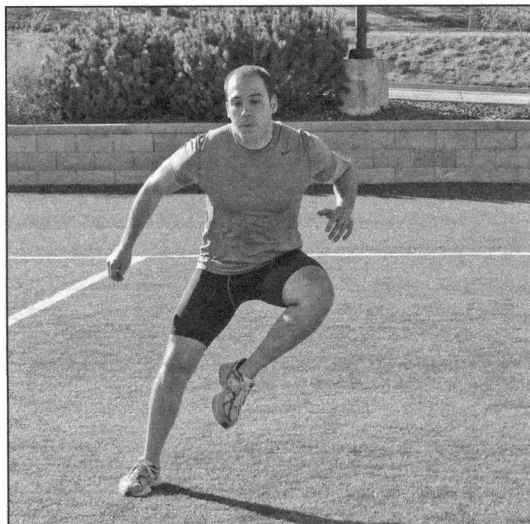

图 6.24 横向或有角度的半蹲蹬地（平衡）

撑墙蹬摆

目标 提高加速技术。

动作 运动员向前倾斜撑墙（一个扶手或一名同伴），手臂伸直，手掌张开撑在墙面上。双髋和双膝也应该完全伸展。抬起一侧腿，让髋关节和膝关节都弯曲呈90度角。保持上半身稳定，腿向下蹬地使髋关节和膝关节伸直，同时向上摆起。另一侧支撑腿，使髋关节和膝关节屈曲呈90度角，踝关节保持背屈。运动员快速有力地交替双腿进行练习（这是单重反应训练）。见图 6.25。

指导要点

- 髋部向前，头部摆正，胸部挺起。
- 支撑腿的脚跟与地面接触，脚掌平放在地面上，用脚的跖骨球支撑。
- 训练时髋部不要向后移动。

变化 为了简化这个动作，运动员开始时可以只是双腿交替抬起再放下：抬起右腿然后放下，双脚都在地面上，再抬起左腿，每个姿势保持15秒。然后再进行单脚击地训练：抬起一条腿，然后放下击向地面，再迅速抬起另一条腿，并且立即回到膝前摆姿势。能够保持正确的身体姿势后，运动员可以进行军步走。

运动员可以再进行上面我们已经描述的单重反应训练。为了增加难度，也可以使用双重反应（运动员连续完成两个动作后进入相同的起始姿势）、三重反应（连续完成三个动作），最后快速地交替蹬摆腿（一般进行5秒）。运动员可以将一只手从墙面上拿开，手肘弯曲呈90度角，摆动手臂，以配合双腿的动作。

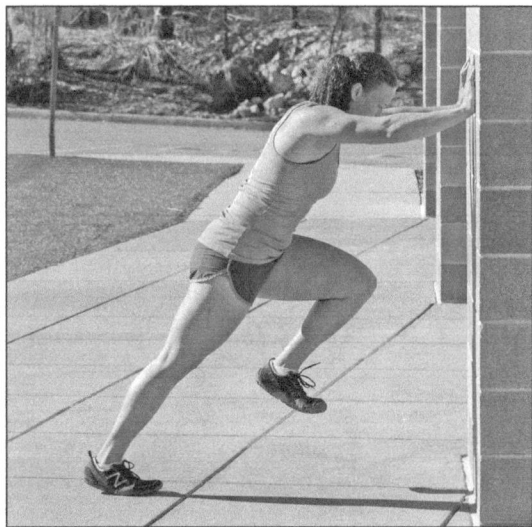

图 6.25 撑墙蹬摆

登山式

目标 提高加速技术。

动作 运动员呈俯卧撑姿势，手掌和脚趾撑地，手臂、膝关节和髋关节伸直，背部挺直。然后弯曲一侧腿的膝关节和髋关节，将脚放到髋部下方，髋部不要抬起远离地面。这就是起始姿势。听教练的指令，运动员将弯曲的腿完全蹬直，将另一侧腿伸直向前移动，使膝关节和髋关节弯曲（见图 6.26a 和图 6.26b）。髋部不可以上下起伏。

指导要点

- 背部挺直，头部摆正，髋关节和膝关节完全伸直。
- 提醒运动员注重直接将弯曲的摆动腿回到完全伸直的后腿姿势。
- 同时交换两条腿，在前摆时膝关节要位于两臂之间。

变化 为了使动作简化，运动员初学这一姿势时可以用以下动作顺序：右膝向前，双腿伸直，然后再左膝向前。每个姿势保持 15 秒。能够保持正确的身体姿势后，运动员可以进行军步走。这时，运动员就已经准备好进行之前描述的单重反应训练了。之后可以进行双重反应训练（交替、返回）和三重反应训练（交替、返回、交替），最后在短时间内以最快的速度进行摆腿，一般进行 5 秒。

a. 一条腿的膝向前摆

b. 交替腿

图 6.26 登山式

前倒启动

目标 提高加速能力和第一步时的爆发力。

动作 运动员笔直站立，双脚在髋部的正下方，抬头挺胸，眼睛直视前方，然后身体前倒，保持一条直线，髋部向前（见图 6.27a）。前倒时腰部或髋部不能弯曲，背部不能拱起。强有力地摆腿至髋关节和膝关节屈曲 90 度角，摆臂与摆腿呈相反方向，身体尽可能地向前倾倒（见图 6.27b）。在保持身体笔直姿势的同时，使髋部向前摆动，摆动腿继续向前迈出第一步，紧接着迈出爆发式的第二步。在完全掌握正确的姿势前，不要进行全速训练。运动员能够自然地摆动一条腿以后再训练另一条腿，必须能够用双腿同时作用踏出爆发式的第一步。

指导要点

- 身体保持直立呈一条直线，在迈出第一步前身体应该尽量向前倒。
- 在整个动作中胸部挺起，腰部不可弯曲，背部不可拱起。
- 提醒运动员爆发地向前摆腿，使髋部尽可能地向前移动。

变化 运动员熟练掌握前 2 ~ 3 步的技术以后，可以进阶至更具爆发力式的启动训练，并进行距离为 5 ~ 10 码的训练。他们也可以在轻微的上坡（2 ~ 3 度）或轻微的下坡或上下坡及平坦地面上进行练习。

a. 前倒

b. 屈曲摆动腿的髋关节和膝关节

图 6.27 前倒启动

进进出出

目标　提高直线速度和速度耐力。

动作　运动员开始呈两点启动姿势，然后根据教练的指令，用以下模式冲刺约 60 码。在前 20 码，运动员逐渐增至 75% 的最大速度，保持身体前倾和较小的胫骨角度。头部摆正，肩膀放松。从 20 码到 30 码，全速冲刺；从 30 码到 40 码，跨大步，保持速度和正确的身体姿势；从 40 码到 50 码，再次全速冲刺；50 码到 60 码，跨大步（如果是在室内场地训练，运动员可能只能进行 10 码的全速冲刺）。见图 6.28。

指导要点

- 运动员保持较小的胫骨角度和正确的身体姿势。
- 手臂放松，手肘弯曲呈 90 度角。
- 提醒运动员迈大步时不要向前够。

变化　这项训练可以是多样的，可以改变加速距离和其他的间隔。（例如，冲刺距离 25 码，全速距离 15 码，大跨步距离 15 码。）

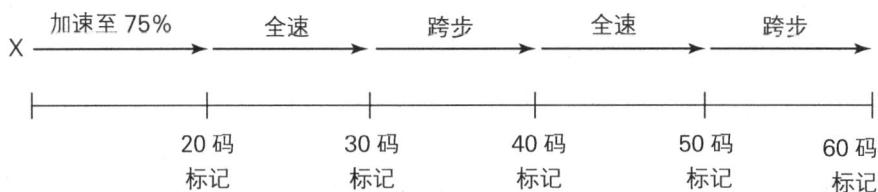

加速至 75%　　　全速　　　跨步　　　全速　　　跨步

X →　　　　　→　　　　　→　　　　　→　　　　　→

20 码标记　30 码标记　40 码标记　50 码标记　60 码标记

图 6.28　进进出出

四圆锥筒方形敏捷性训练

目标 提高加速、减速和变向的综合能力。

动作 教练将 4 个圆锥筒放置成一个正方形，相邻的圆锥筒之间相距 5 码。运动员呈运动姿势或准备姿势，双脚间距略微宽于髋部，膝关节弯曲，髋部下沉，胸部挺起，背部平直，头部摆正。运动员从 1 号圆锥筒开始呈准备姿势，然后强有力地向 2 号圆锥筒加速。在到达 2 号圆锥筒时，采用一个迈步减速并制动，用外切步保持身体平衡。之后重新回到准备姿势。而后从左侧滑步到右侧。再次用外切步停住，瞬间保持平衡后再次呈准备姿势，从 3 号圆锥筒向 4 号圆锥筒倒退跑，然后制动并保持身体平衡。再次呈准备姿势，从 4 号圆锥筒向 1 号圆锥筒滑步。见图 6.29。

指导要点

- 通过弯曲膝关节来减速，背部挺直，头部摆正。
- 在变向启动时双脚同时离地。
- 在转化移动模式时，两脚距离不要太宽。如果太宽或膝关节弯曲不够，就会使腿的力量减弱，从而导致转身的爆发力减小。

变化 为了简化训练，可以分为直线部分，注重减速和转身后的启动。为了增加难度，运动员要尽可能快地移动，同时保持转向时身体的髋关节、膝关节和踝关节在正确的位置。可以增加认知和反应训练，在运动员到达一个圆锥筒时丢一个小球，或者运动员根据另外一个人的动作做出反应。以竞赛的方式给运动员计时，可以提高运动的速度。

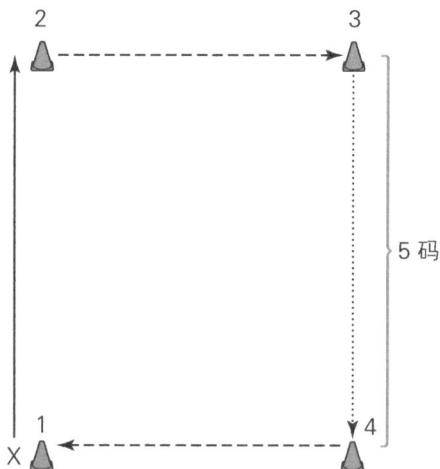

图 6.29 四圆锥筒方形敏捷性训练

Z 字形敏捷性训练

目标 提高加速、减速和变向的能力。

动作 将 5 个圆锥筒摆成 Z 字形，相邻两个之间相距 5 码。运动员开始训练前呈运动姿势或准备姿势。运动员在 1 号圆锥筒处迈出爆发性的第一步，然后再朝 2 号圆锥筒加速。在 2 号圆锥筒处采用一个减速步伐和一个外切步进行制动。在外切步制动时及时调整身体平衡。之后再用外切步蹬离朝 3 号圆锥筒加速。随后再用减速步伐和外切步制动。重复以上动作向余下的圆锥筒运动。见图 6.30。

指导要点

- 背部挺直，头部摆正。
- 髋部向目标方向摆动，运动员在下一步时不要伸腿向前够。
- 在外切步制动调整身体平衡后，运动员尽力朝下一个圆锥筒蹬离移动。

变化 进阶动作中可以加快通过圆锥筒的速度和减少在切步上用于平衡身体的时间，直到动作可以流畅地完成。教练也可以拉长圆锥筒之间的距离或缩短其距离。运动员也可以在圆锥筒之间采用内切步，这有点像棒球运动中在垒位的环绕动作。

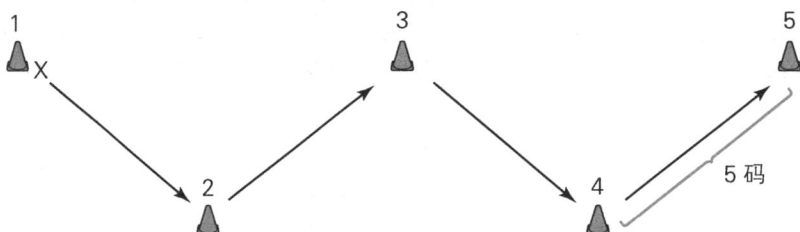

图 6.30 Z 字形敏捷性训练

冰球

马克·斯蒂芬森（Mark Stephenson）

冰球曾被认为是世界上速度最快的运动。无论这是不是真的，毫无疑问，冰球运动都是在一块不大于长200英尺、宽100英尺（约60米×30米）的场地上快速地进行。在冰球比赛中有一个典型的阶段，运动员可能需要全速滑行30~45秒，这要求运动员拥有爆发式的速度、加速能力和突然变向的能力（Manners，2004）。冰球运动员速度的提高可能会提高他们在比赛中的表现（Warren et al.，2001）。

冰球和本书中讲的其他运动不同，因为冰球的速度并不是指奔跑速度，而是指滑行速度。因此，前几章中介绍的许多基于跑步技术的要点和训练方法对冰球运动员的参考价值不大。确实，没有研究表明提高奔跑速度就能提高滑行速度。

冰球运动中的速度

尽管跑速不是冰球运动员要关注的焦点，但速度训练应该是他们体能训练方案中不可或缺的一部分。与大多数其他运动一样，提高速度可以使冰球运动员在进攻和防守时处于优势位置。力量训练对于提高速度和加速度至关重要，这是跑步速度和滑行速度的一个共同的原则。因此，冰球速度训练的主要内容应该是提高高效滑行表现时所需的力量和爆发力。训练应该重点提高负责滑行动作的腿部肌肉组织的爆发力。

冰球运动员的体能训练可以在冰上进行也可以在陆上进行。将各种冰上速度训练方法与陆上力量训练和快速伸缩复合训练融合在一起，可以提高速度从而增强运动员的整体表现。陆上训练应该重点提高身体素质，冰上训练注重提高与冰球专项相关的速度、耐力和敏捷性。根据之前用到的周期性模式，大部分陆上身体素质训练通常安排在休赛期，但一定程度的陆上训练应贯穿整个赛季，以保持运动员的力量和爆发力。当冰上训练的机会有限时，陆上训练就显得尤为重要。

不管是在冰上还是在陆上进行速度训练，有些因素需要考虑到。速度训练包含爆发性速度训练，因此，只有当运动员的身体机能完全恢复后才能进行速度训练（Lentz and Hardyk，2005）。在练习之间充足的休息可以使运动员展现所有的能力和正确的技术。建议练习与休息之比为1：4。在进行爆发性速度训练时的建议总结如下：

▶在训练课开始阶段先进行速度训练。

▶在两次重复练习之间采用1：4的练习与休息之比。

▶在训练时采用全速的90%或更高的速度。

▶当采用抗阻训练时，允许速度至多下降10%。

▶将直线移动训练和横向移动训练结合。

尽管跑速对冰球运动员并不重要，运动员仍然可以运用提高跑速训练中的许多原理。在许多冲刺训练中，运动员可以用滑行替代跑步。同理，关键动作组合的训练也可以用来发展冰上的速度。另外，冰上训练也可以结合抗阻训练进行，例如用一根橡皮带在加速摆动阶段提供阻力。

冰球运动中速度的实际意义

尽管速度不是影响冰球运动员成功表现的唯一因素，但提高速度可以增加任何运动员在比赛中进攻和防守时的优势。速度更快的球员可以更快到达冰球所在的位置，提高了保持或赢得控球的机会，以及拥有更多的时间做出基于场上形势的高效的决策。对于进攻球员来说，更快的速度使他们的攻击威胁更大，也使他们的进攻选择更多。对于防守球员来说，更快的速度可以让他们对一系列进攻威胁进行更有效的防守。

针对冰球运动的专项速度训练

这些练习是对基础体能训练方案的补充，对身体进行调整，从而增加冰球比赛时的速度。这些训练可以分为两大类：冰上训练和陆上训练。冰上训练主要针对专项速度的训练，陆上训练目的在于提高关键的身体素质能力，从而提高冰上速度。

冰上训练

对于冰球运动员来说，冰上训练的目的在于提高他们在冰上滑行的速度。这使他们可以在比赛中直接展现出速度，在进攻和防守中都具备潜在的优势。因此，速度训练必须反映比赛对速度的要求。第 5 章提供了确定冰球对速度要求的指导原则。为了提高冰上速度，运动员必须提高从静态启动（更多的情况下是动态启动）状态下在短距离内尽可能快地加速的能力。动态启动的方向也是多样的：向前方、向侧方和向后方。上述一系列不同速度和移动距离的动作反映了冰球运动的特质。

加速速率：冰上站立启动

目标　提高加速一段距离的能力。

动作　从冰上站立启动开始，运动员尽可能快地滑行一段距离，通常是 5 ~ 15 米。见图 6.31。

指导要点

- 运动员快速进入一个高效的滑行加速姿势。
- 采用滑行蹬摆动作快速地加速。

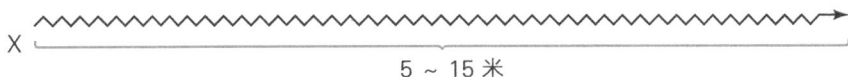

图 6.31　加速速率：冰上站立启动

巡航 – 冲刺 – 巡航

目标　提高从动态启动的加速能力。

动作　运动员开始用中等的速度滑行 5 米，就如同在比赛中的巡航状态，然后再加速至全速冲刺滑行 10 米，最后减速回到先前的速度。见图 6.32。

指导要点

- 在加速时控制动作。
- 快速进入一个高效的滑行加速姿势。
- 采用滑行蹬摆动作快速地加速。

变化　加速前的初始动作的方向和速度可以是多样的，反映运动员在比赛时冰上移动的变化的多样性。这一目的在于调整身体姿势，以及从不同的运动模式下开始加速。另外，运动员可以根据外部的信号开始加速，例如根据教练的指令。

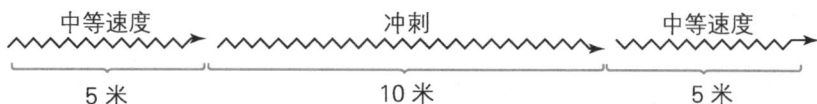

中等速度　　　　　　冲刺　　　　　　中等速度

5 米　　　　　　10 米　　　　　　5 米

图 6.32　巡航－冲刺－巡航

向后向前移动的转换

目标　提高运动员在向后移动时向前加速的能力。

动作　运动员向后滑行 10 米，然后迅速制动并向前加速滑行 10 ~ 15 米，加速时采用滑动蹬摆的加速动作。见图 6.33。

指导要点

- 在向后滑行时保持对身体的控制。
- 通过滑行制动。
- 将身体调整为加速姿势。
- 全力向前滑行，完成规定的距离。

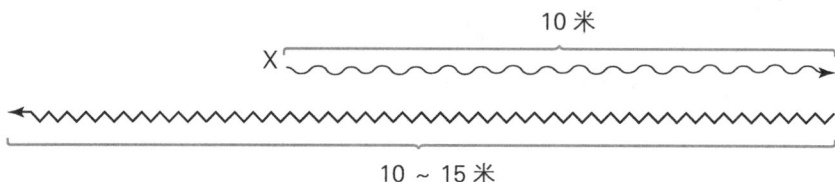

10 米

X

10 ~ 15 米

图 6.33　向后向前移动的转换

5-10-5 训练

目标　提高运动员加速、制动和再加速的能力。

动作　将 3 个圆锥筒放置在一条直线上，相邻的两个圆锥筒相距 5 米。运动员站在中间的圆锥筒处，转身向一侧的圆锥筒加速滑行 5 米。到达后再后转身向另外一端的圆锥筒加速滑行 10 米。到达后再转身向中间的圆锥筒滑行 5 米。重复这组训练，完成向不同方向的加速。见图 6.34。

指导要点

- 在启动时采用强有力的蹬摆动作。
- 强调合适的姿势。
- 快速停止，然后再快而有力地向前加速。

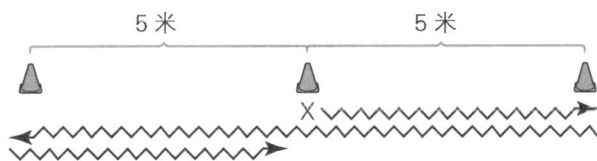

图 6.34 5–10–5 训练

陆上训练

冰上训练可以提高运动员在比赛时运用速度的能力，陆上训练对提高冰上速度也发挥着重要作用。陆上训练可以提高运动员关键的身体素质能力，从而转化成更高效的冰上表现。这些训练包括传统的跑步冲刺训练和快速伸缩复合训练。

奔跑速度加速

目标　提高运动员一系列短距离加速的能力。

动作　运动员从站立启动开始尽可能快地加速奔跑 10 ~ 20 米。见图 6.35。

指导要点

- 整个身体向前倾斜，保持一个高效的加速姿势（见第 3 章）。
- 强调通过后腿强有力的蹬伸动作产生力。
- 强调前腿强有力地摆动，以及前腿膝关节积极向前和向上摆动。
- 利用有力的手臂动作来增强腿部摆动。

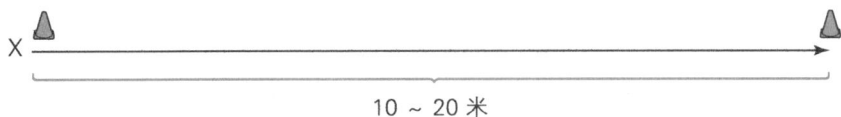

10 ~ 20 米

图 6.35　奔跑速度加速

滑板冲刺

目标　结合减速技术提高横向蹬摆能力。

动作　运动员站在滑板上，呈启动姿势，然后爆发式地向侧方蹬离。用外侧腿屈曲减速并制动，然后迅速蹬伸向相反方向蹬离。见图 6.36。

指导要点

- 强调通过外侧腿蹬摆使身体穿过整块滑板。
- 手臂在身体两侧保持舒适的弯曲姿态，有节奏地摆动，支持动作并保持平衡。
- 保持运动姿势，头部摆正，眼睛直视前方，背部挺直，髋、膝和踝关节弯曲。
- 用切步尽可能快地改变方向，外侧腿弯曲后强有力地蹬伸。

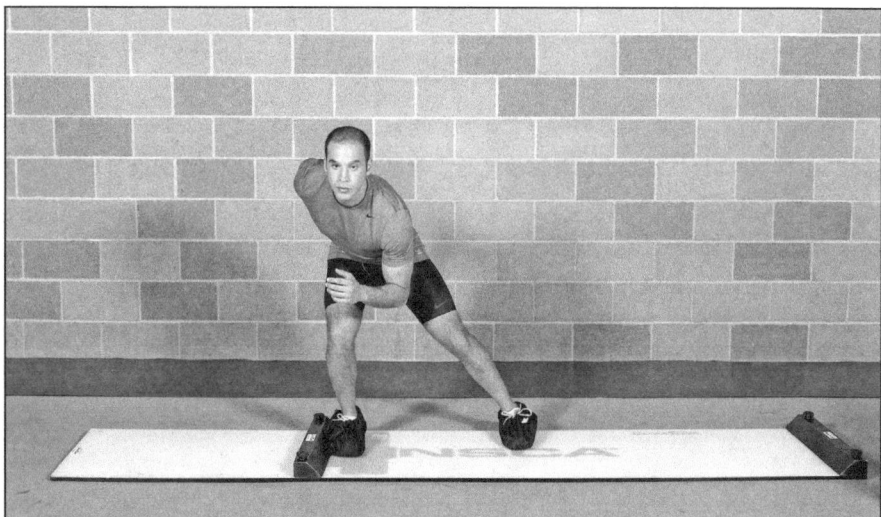

图 6.36　滑板冲刺

双腿立定跳远

目标 提高水平移动时的爆发性力量。

动作 双脚平行站立,双腿强有力地蹬离,最大限度地向前跳跃(图6.37a和图6.37b)。落地时用双脚的跖骨球着地,不可深蹲,大腿不能低于与地面平行的高度,背部保持平直,双膝与双脚对齐。尽可能地向远跳,但不能影响落地的技术。

指导要点

- 在蹬离地面时,强调髋部的完全伸展。
- 使用如下图所示的强有力的手臂动作,手臂先向后摆动,再强力地向前摆动。
- 用双脚的跖骨球着地(如果单脚起跳,也可以脚掌着地)。
- 当落地时,保持大腿与地面平行或更高。

变化 运动员可以进阶至连续跳跃两次或多次。当连续跳跃多次时,运动员双脚跖骨球着地后,在最短的时间内再次起跳,强调拉长 – 缩短周期在训练中的应用(见第2章)。

a. 开始姿势

b. 起跳

图6.37 双腿立定跳远

单腿横向栏架跳跃

目标　提高横向移动时的爆发性力量。

动作　右腿单腿站在一个高 3 英寸（约 7 厘米）栏架的右边，爆发式的向左边跳跃，越过栏架，尽可能跳得远，然后左脚着地。左脚站立姿保持片刻后，然后再向右侧跳跃，越过栏架，右脚着地。见图 6.38。

指导要点

● 跳跃通过外侧腿的髋、膝和踝关节强有力地三重伸展。

● 强调强有力的手臂动作。

● 运动员通过脚的跖骨球着地，再迅速换到全部脚掌着地，然后再保持这个单脚着地的姿势（当连续进行跳跃时，都是通过脚的跖骨球着地）。

变化　运动员起跳腿和着地腿都是同一侧腿。掌握了单脚落地的稳定性后，就可以完成一系列的跳跃动作，并且在落地时可以立即变向，回到起始姿势。当进行连续起跳时，一直要强调动作的质量，运动员连续跳跃的次数不应超过 10 次（每边 5 次）。

图 6.38　单腿横向栏架跳跃

Z 字形跳跃

目标 提高横向移动时的弹性力量。

动作 在地面上标记一条 10 ~ 20
米长的线。运动员站在临近这条线的一
端，面向另一端。运动员斜对角向前跳
跃，先用内侧脚启动，外侧脚着地。在
落地之后，外侧脚再发力斜对角向前跳跃，
另外一只脚落地。完成规定的跳跃次数或
距离的练习。见图 6.39。

指导要点

- 通过强有力的三重伸展开始跳跃。
- 强调强有力的手臂动作，手臂先
  向后摆动再向前摆动。
- 用脚的跖骨球着地以保持身体的
  稳定性。

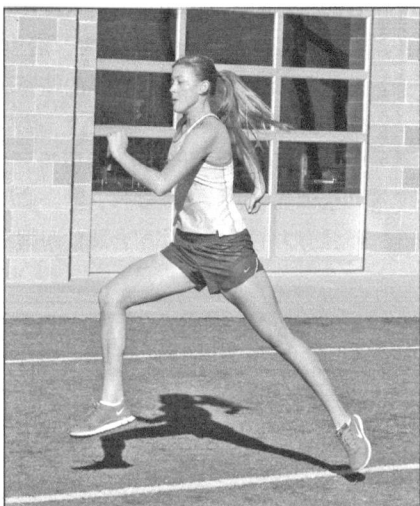

图 6.39 Z 字形跳跃

上坡奔跑

目标 提高三重伸展时的爆发性力量。

动作 在一个长 20 米，倾斜角度
3 ~ 6 度的小坡上进行训练。确认坡面上
没有洞、树根或较大的石块等障碍物。运
动员全力向上冲刺 20 米，再慢慢走回起
点，让体能得到完全恢复，然后再开始下
一次练习。见图 6.40。

指导要点

- 使用第 3 章中介绍的加速技巧。
- 每迈一步髋、膝、踝关节均应强
  力伸展，就像要把地面推开那样。
- 强调强有力的手臂动作，手臂向
  前摆至下巴高度，然后摆向身体
  后方。

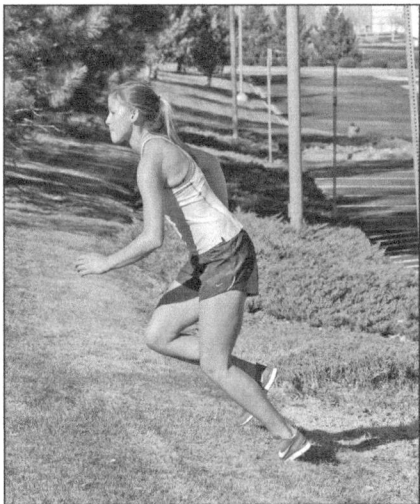

图 6.40 上坡奔跑

拉雪橇

目的　强化、高效的蹬摆技术及其能力。

动作　运动员穿上一个肩带，后面拉着一个雪橇。在雪橇上加约运动员体重的 10% 的负荷。运动员从双脚交错的站姿启动，进行强有力地加速，持续 15 ~ 20 米。

指导要点

- 使用第 3 章中介绍的加速姿势。
- 强调强有力的蹬摆动作，踝、膝、髋关节完全伸展。
- 强有力的手臂动作配合腿的蹬摆动作。

英式橄榄球

伊恩·杰弗里斯

英式橄榄球是对身体要求最高的运动之一，几乎要求身体每一个部分都很强。其中，速度在区分运动表现水平方面非常重要，在比赛中有很高的价值。因此对于所有水平和位置的运动员来说，速度训练是他们整体训练方案中很重要的一部分。根据运动员的训练水平、技术能力、体能以及比赛需求的不同，速度训练方案也会不同。

英式橄榄球运动中的速度

一个速度训练方案的成功取决于球员是否能将其转化为场上的表现，尤其是比赛速度。因此，在制定英式橄榄球速度训练方案前，必须先分析这项运动对速度的需求。第 5 章中介绍的体系为分析英式橄榄球运动对速度的需求提供了参考。

▶ **典型的移动距离。** 球员的位置以及有球和无球状态下奔跑的距离都存在差异。对于任何位置的球员来说，有球状态下奔跑的距离都相对更短（平均少于 10 码），外侧后卫比内侧后卫和前锋奔跑的距离更长。在无球状态下运动员跑动的距离一般更长，外侧后卫、内侧后卫、前锋、后排前锋的冲刺距离长于前排前锋。基于对这点的认识，对于所有位置的球员来说，加速能力的重要性要大于最大速度，最大速度对于外侧后卫来说最为重要。球员应该提高在不同距离下静态启动和动态启动时的加速能力。

▶ **典型的移动方向。** 大多数跑动方向都是向前的，但对变向也有极大的要求。这些变向经常是大幅度的，要求使用横切步。其他的则是小幅度变向，需要一个曲线奔跑模式。这些变向几乎全部是由视觉信号触发的，需要球员对这些信号进行阅读和反应，例如对手的移动、球的移动和队友的移动。在英式橄榄球速度训练方案中，向前奔跑训练中融入曲线奔跑和变向训练是一个非常重要的方面。

▶**典型的启动模式和移动组合**。大多数启动都是向前的，包括静态启动和动态启动。动态启动通常情况下是直线的，也有些以防守为目的的冲刺是从横向移动时开始的。典型的动态启动的距离也因球员的位置而不同。对于即将出现攻击停滞情况的球员来说，动态启动后的移动距离较短，一般是擒抱或接球后向前攻击。对于远离攻击停滞的球员来说，例如反侧后卫，动态启动后的移动距离通常更长，在接球前的移动速度就很快。当前锋提供防守掩护时，在这种情况下，动态启动的距离就长很多。

▶**感知觉的刺激**。英式橄榄球的速度主要是由球员对信号做出反应的能力决定的。大多数移动都是在进攻停滞之后做出的，对于进攻球员来说，最初的移动是对球的移动做出的反应。对于防守球员来说，最初的移动是对球的移动和对手的移动做出的反应。随着进攻的推进，球员需要对比赛情况做出反应，那么这些信号主要包括队友的移动、对手的移动和球的移动。

▶**与技术的联系**。在进攻时，球员有时在加速时需要将球结合在一起，无论是持球、接球还是传球。尽管球员大多数情况下的移动是在无球状态下进行的，但在有球状态下加速的能力也非常重要。在防守时，球员需要有能力擒抱进攻球员，这就要求球员有减速和对身体的掌控能力，以便能够在任何时候擒抱对手。可以在以速度为基础的训练中加入技术训练。

基于对英式橄榄球需求的分析，以下几个关键方面需要特别重视：

▶静态启动和动态启动时的加速能力，动态启动主要是直线方向的，距离取决于球员的位置

▶变向能力，包括大角度的变向（横切）和小角度的变向（曲线奔跑）

▶最大速度能力，主要是针对外侧后卫

▶减速能力结合变向和橄榄球技术

英式橄榄球运动中速度的实际意义

在英式橄榄球比赛中，速度是一项很重要的内容，可以区分球员的不同水平。

英式橄榄球是一项有着大量身体碰撞的运动。动量的产生对这些碰撞来说至关重要。动量是质量和速度的乘积，所以球员的速度能力越强，在与对手碰撞中获胜的概率就越大。

速度对于进攻和防守来说都是一项宝贵的财富。例如，有着更快速度能力的进攻球员就有更大范围的攻击选择，他们可以创造和挖掘更大的空间。相反，缺乏速度能力的防守球员就有本质性的弱点，因为他们压缩空间的能力更弱，无法做出高效的防守。速度训练应该成为英式橄榄球训练的重要组成部分。

针对英式橄榄球运动的专项速度训练

尽管以下的训练能够提高英式橄榄球球员的速度，但这些训练只应该被视为成功秘诀的一部分。速度需要依靠许多身体素质，包括产生最大力的能力、力的发展速率以及第 1 章中重点强调的拉长 – 缩短周期的有效性等。因此，教练和球员在进行以下训练时也应该增加力量和爆发力训练，从而使训练的成果最大化。这一节提供了 3 种类型的训练：

▶加速训练
- 腰带蹬摆（单腿交换向上和向下蹬摆）
- 起身冲刺
- 直线加速疾跑
- 直线动态启动

▶变向训练
- 奔跑结合切步练习
- 向日光奔跑
- 英式橄榄球曲线跑
- 摆脱防守（防守球员向前移动）

▶最大速度训练
- 加速跑

腰带蹬摆

目标 提高运动员前腿膝关节向前和向上摆动的能力，同时另一侧腿向下蹬地，保持加速姿势。

动作 运动员站立面向前方，腰上系一条腰带。腰带与弹力绳相连，一名同伴稳稳地拉住，并可以使运动员身体前倾 45 度角。运动员从这一姿势开始向前和向上抬起一侧腿并呈膝蹬摆的姿势，短暂地保持这一姿势，然后向地面后蹬的同时另一侧腿向前和向上抬起，同样短暂地保持这一姿势（见图 6.41a 和图 6.41b）。运动员每条腿完成 3 ~ 5 次练习并向前移动。

指导要点

- 始终保持身体的直线形姿势，不要屈髋。
- 蹬摆腿向前向上移动时，保持踝关节背屈。
- 两腿的交换要快而有力，同时保持姿势不变。

变化 这个训练可以发展成两次交换（2 个重复动作，结束时回到相同的起始姿势）和三次交换（3 个重复动作）。

a. 膝关节蹬摆的姿势

b. 前腿蹬向地面，同时抬起另外一条腿

图 6.41 腰带蹬摆

起身冲刺

目标 提高运动员从低重心的身休姿势开始加速的能力，当冲刺可能与对手碰撞的时候，这个能力非常重要。

动作 运动员俯卧在地面上（见图 6.42a），自主启动或听教练信号，迅速起身然后向前冲刺一段距离，例如 10 码（见图 6.42b）。

指导要点

- 始终保持身体的直线型姿势，不要屈髋。
- 在加速初期应保持一个低重心姿势。
- 向前和向上摆腿，不要仅仅向上摆动。
- 蹬摆腿向前和向上移动时保持踝关节背屈。

变化 在进行这项训练时可以与其他球员进行比赛。球员并排在起跑线就位，教练给出起跑信号后，球员向前冲刺一段距离，例如 10 码，并努力率先越过终点线。

a. 起始姿势

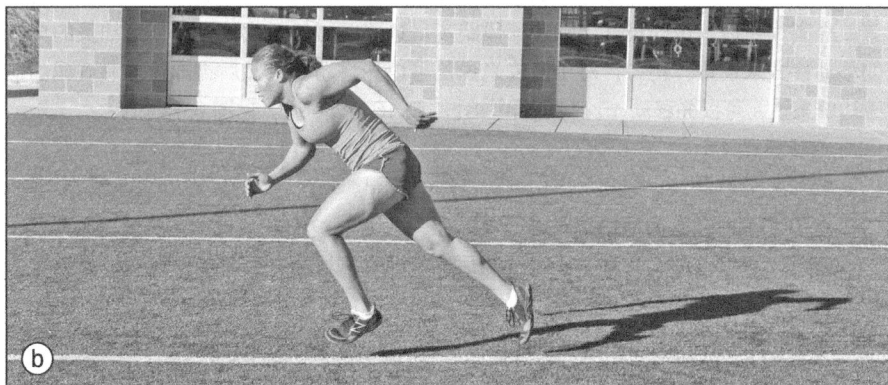

b. 冲刺

图 6.42 起身冲刺

直线加速疾跑

目标 提高从站立姿势启动后的直线加速能力。

动作 放置两个圆锥筒，相距 10 ~ 30 码。这个距离反映了不同位置的运动员的需求。运动员呈防守姿势，通常双脚前后交错，根据信号或自主启动，尽可能快地加速并完成相应的距离。运动员以身体前倾，重心向前为加速姿势，并且步伐快而有力，前腿向前和向上摆动，同时踝关节背屈。见图 6.43。

指导要点

- 强有力且全范围的手臂摆动（从髋到肩）能够增强身体对地面的作用力。手臂在向后摆动时可以稍稍打开，从而增加力的作用时间。
- 用双脚的跖骨球触地。
- 眼睛直视前方，可以看到球场上的情况。

变化 疾跑距离可长可短，运动员也可以向前方、侧方和后方移动。球员掌握了技术后，教练可以在训练中引入竞争，使用不同的启动技术，例如球的移动。

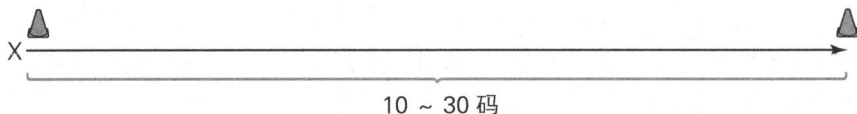

10 ~ 30 码

图 6.43 直线加速疾跑

直线动态启动

目标 提高运动员动态启动后的加速能力。

动作 将 3 个圆锥筒放置在一条直线上；前两个圆锥筒之间是初始移动区，第二个和第三个圆锥筒之间是加速区。运动员在第一个和第二个圆锥筒之间移动，在到达第二个圆锥筒后，运动员开始加速一段距离。这些区域的长度可以根据运动员的典型的移动模式来设置。例如，对于前锋来说，可以先移动 5 码然后再加速冲刺 5 码。对于边锋来说，可以先移动 15 码然后再加速冲刺 15 ~ 30 码。见图 6.44。

指导要点

- 在初始移动时，运动员应保持对身体的控制。
- 在加速时强有力地摆动双腿和双臂。

变化 可以改变初始移动距离和随后的加速冲刺距离。节奏的变化可以是自主决定或由外部信号决定。

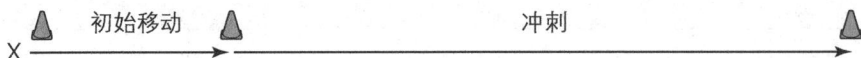

初始移动　　　　　　　　　　　　冲刺

图 6.44 直线动态启动

奔跑结合切步练习

目标 提高运动员使用切步变向然后再加速的能力。

动作 放置两个圆锥筒，相距 5 码。运动员在 1 号圆锥筒处进入加速姿势，然后向 2 号圆锥筒奔跑，在 2 号圆锥筒处使用一个切步减速。在完成切步后，以约 45 度角立即变向加速。在切步时运动员的双脚距离比双膝更宽，同样双膝距离要比髋部更宽。这个练习可以使运动员横移的距离最大化，类似在赛场上试图躲避被对手擒抱。训练时从左到右横切和从右到左横切交替重复练习。见图 6.45。

指导要点

- 脚落地时应朝向正前方，几乎是整个脚掌触地，但是重心应在脚的跖骨球上。
- 身体应在自己能够支撑的范围内，使力在一条有效的直线上。
- 在切步后应立即加速。

图 6.45 奔跑结合切步练习

向日光奔跑

目标　提高运动员根据外界信号做出切步变向然后再加速的能力。

动作　运动员在1号圆锥筒处呈运动姿势，面向8码之外的2号圆锥筒。教练站在2号圆锥筒后方2码处。运动员跑向2号圆锥筒，在即将到达时减速。随着运动员靠近2号圆锥筒，教练向圆锥筒的一侧横向移动。之后运动员使用一个切步，向教练相反的方向加速。见图6.46。

指导要点

- 切步时运动员的双脚要比双膝更宽，同样双膝也比髋部更宽。脚落地时应朝正前方，几乎整个脚掌触地，但是重心应在脚的跖骨球上。
- 身体应在自己能够支撑的范围内，使力在一条有效的直线上。
- 在切步后应立即加速。

图6.46　向日光奔跑

英式橄榄球曲线跑

目标　提高运动员按曲线模式奔跑和小弧度变向的能力。

动作　将几根标志杆按照英式橄榄球比赛中的曲线跑模式摆放。例如，向前跑动，转向，然后围绕防守者奔跑，运动员按照这个路线奔跑，在所有阶段应保持匀速。身体朝向曲线倾斜，用脚的跖骨球在身体重心下方着地，并朝向外侧的那只脚，摆动腿快速交替，加快步频。见图 6.47。

指导要点

- 运动员呈直立姿势，或呈直线稍微向前倾斜。
- 整个身体都朝向曲线倾斜。
- 手臂摆动，手在髋与肩之间移动。
- 前腿向前和向上蹬摆，在运动过程中踝关节背屈。

变化　教练或运动员可以设置不同的模式，模仿球员在比赛场上的奔跑任务。例如，教练可以建立模仿勾球队员在大曲线奔跑中摆脱防守接球的运动模式。

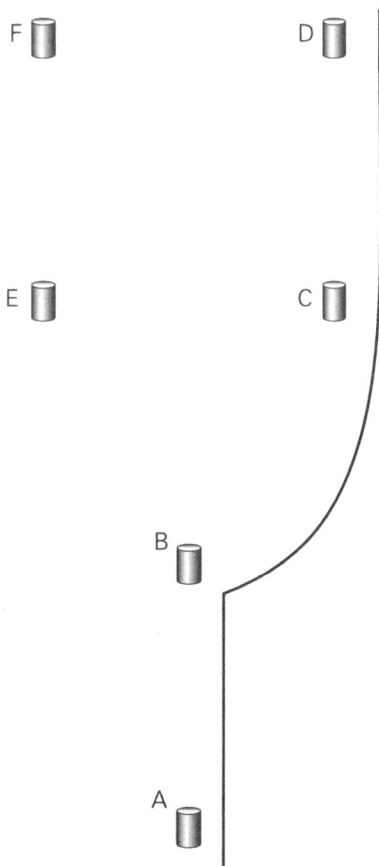

图 6.47　英式橄榄球曲线跑

摆脱防守（防守球员向前移动）

目标　提高球员摆脱防守然后加速的能力，以及跟随对手移动时保持防守姿势的能力。

动作　两名运动员同时进行这项训练，一人承担进攻角色，另一人承担防守角色。标记一个 10 ~ 20 米长、15 ~ 20 米宽的区域。进攻球员站在区域一端的 1 号圆锥筒处，1 号圆锥筒放置在边线的中间。防守球员在进攻球员另一端的 2 号圆锥筒处呈运动姿势。进攻球员试图向前移动，到达区域的另一端，躲避防守球员的紧随。这需要进攻球员在变向后快速加速。防守球员向前移动，调整移动方向，试图紧跟进攻球员。在接下来的重复训练中运动员应该相互转换角色。见图 6.48。

指导要点

- 防守球员减速，应进入一个争夺姿势，并根据进攻球员的移动进行调整。
- 当变向时，球员应使用奔跑结合切步练习中的切步动作。
- 进攻球员在变向后立即加速。

图 6.48　摆脱防守（防守球员向前移动）

加速跑

目标 提高运动员奔跑以及改变节奏的能力。

动作 摆放 4 个圆锥筒，相邻两个相距 20 码。运动员需要完成 60 码的距离，每 20 码增加跑速直到最后阶段达到最大速度。这个练习的重点在于在前面两个 20 码改变节奏，最后 20 码达到最大速度。见图 6.49。

指导要点

- 运动员的姿势应直立或稍微前倾，身体保持一条直线。
- 手臂全范围地摆动，手在髋与肩之间移动。
- 前腿向前和向上蹬摆，在运动过程中踝关节背屈，双腿快速交替摆动以加快步频。
- 脚着地时在身体重心下方，用脚的跖骨球着地。

变化 奔跑的距离可以是不同的，反映出不同位置球员的专项需求。外侧后卫跑动距离最长。

图 6.49 加速跑

足球

伊恩·杰弗里斯

速度是足球运动中的重要组成部分，它对于任何位置的球员都起着重要作用。当守门员从门线开始冲刺并扑救对方前锋的射门，或者扑救对方球员开出角球后的头球时，很明显，更快的速度能够显著提升守门员的运动表现。

足球运动中的速度

速度训练方案的一个目的在于提高运动员将速度转化为在球场上的运动表现的能力，即比赛速度的本质。因此，足球速度训练方案开始前应该分析足球运动对速度的具体需求。在第 5 章中介绍的体系为分析足球运动对速度的需求提供一个参考。

▶**典型的移动距离**。足球运动员的跑动距离大多数较短，通常是 5 ～ 10 码（Jeffreys，2007）。对于不同位置的球员来说，中卫和守门员的跑动距离最短，然后是前锋、边锋、中场和边卫。尽管边卫的跑动距离较长，但经常是次最大速度跑动和更短距离全速冲刺的组合。因此，从站立状态以及从移动状态加速是足球运动员速度训练方案的重要组成部分。提高最大速度对于边锋、中场和边卫来说很重要。第 2 章中的内容可以帮助提升运动员速度的经济性。

▶**典型的移动方向**。尽管加速能力对足球运动员的表现来说至关重要，但足球运动中速度的方向是多向的。在很少情况下球员需要向单一的方向移动较长的距离，分析表明运动方向每隔几秒就会发生变化。足球的移动包括直线移动、横向移动、向后移动，以及这些跑动模式的各种组合。因此，运动员应具备朝各个方向移动的能力。运动员还需要提高静态启动和动态启动时的加速能力。另外，运动员在加速时需要频繁地进行变向。这些变向可能是角度和幅度非常大的，需要锋利的切步，或者是像曲线跑那样角度和幅度相对小的。对足球运动来说，各种不同方式的变向和随后再变向的能力是足球运动中速度的基础。

▶**典型的启动模式和移动组合**。足球运动员的加速大多是从移动状态开始的，不管是相对静态的卡位或是完全的动态移动。尽管守门员有时候会从站立姿态启动，但大多数足球运动员的加速都是从动态开始启动的。因此，球员应该经常练习从移动状态开始加速，从而最大限度将训练成果转化成球场上的表现。动态启动在距离、方向和移动模式上也有所不同。例如，动态启动可能包括以次最大速度奔跑一段距离，然后根据比赛情况再加速。然而，这只是动态启动的一部分，因为球员在开始加速奔跑前通常还有很多移动模式：卡位、边路折返跑、后退和跟随等。因此，球员需要进行这些从移动模式转换为加速模式的训练。这里的重点在于将足球比赛中典型的移动模式引入到速度训练方案中。足球速度训练课应该包含一系列的移动转换模式，从而提高球员在多种移动模式下加速的能力。

▶**感知觉的刺激**。感知觉的刺激在决定足球运动需求方面起着重要的作用。因为足球运动员在比赛中几乎一直处于运动状态，且很少按照既定的模式移动，几乎所有的移动都是由外部刺激所启发的，通常是球、对手和队友的移动。对这些因素的阅读和反应能力很重要，并且要强调比赛中移动转换的重要性。运动员必须保持一个能够让他们阅读比赛、做出反应并对外部刺激采取相应的移动的姿势。这些类型的活动应该成为足球速度训练方案的一部分，从而使训练成果最大限度地转化成运动员在球场上的表现。这些类型的训练并不是孤立存在的。运动员随后动作的效果取决于移动模式的质量，这是可以通过训练逐步提高的。同样，运动员阅读比赛的能力大部分是通过足球的专项训练得以提高，即使是足球的专项训练也应该强调运动模式的质量，从而确保运动方案实施的有效性。运动员需要与足球教练进行配合，使体能训练和足球专项训练的效果最大化。

▶**与运动技术的关联**。速度和运动技术的关联对于提高比赛速度很重要。在足球比赛中，大部分冲刺都需要用到与足球相关的技术，不管是进攻（传球、射门、头球）还是防守（铲球、头球、救球）。重要的是使身体处于合适的位置，完成这些动作，同时还需要强调减速能力和移动转换能力。将速度和足球技术结合在一起的训练强调移动模式的重要性，并加强针对这些移动模式的基础性练习。因此径赛项目中的技术不是总能转化成足球比赛中的冲刺技术，因为这些技术并不总会使运动员处于一个能很好地执行足球运动的专项技术的状态。

基于对足球运动需求的分析，以下几个重要方面应该得到重视：

▶静态启动和动态启动时的加速能力，使用不同方向的动态启动和使用不同的动作模式
▶变向能力，包括大角度和大幅度的变向（切步）及角度和幅度相对较小的变向（曲线跑）
▶奔跑距离较长的球员的最大速度能力，例如边卫、边锋和中场球员
▶减速能力

足球运动中速度的实际意义

提高球员的速度可以帮助他们获得巨大的优势，对于进攻球员和防守球员都是如此。简单来说，他们可以更快地触球，从而使他们能够赢得和保持有利的位置。这反过来也使他们的球队能够主导比赛。另外，更快的速度可以提供一个额外的进攻工具，因为这使球员能够轻松地摆脱对手，从而在进攻中获得更大的优势。同样，更快的速度也可以使无球球员具备这样的优势。速度更快的球员更有能力创造空间，加速插入空挡，从而获得一个巨大的进攻优势。对于防守球员来说，更快的速度也可以使他们缩小比赛空间，降低进攻威胁。

针对足球运动的专项速度训练

许多运动专项中的速度都可以通过第3章中的训练方法得到提高。这些基础训练应该成为一个训练方案的主心骨。以下介绍的训练方法更多的是针对足球运动的。尽管本节中介绍的训练方法可以提高足球运动员的速度，帮助球员获得更大的成功。但是速度更取决于身体素质，包括产生最大力的能力、力的发展速率和第1章中强调的拉长－缩短周期的能力。因此，这些训练应该配合以力量为基础的训练方案，使其效果最大化。

▶加速训练

- 扶墙蹬摆（单腿交换）

- 横向接下落球

- 多方向动态启动

▶变向训练

- 侧向滑步结合切步

- 跑动创造空间

- 足球专项曲线跑

- 摆脱防守（防守球员向后移动）

▶最大速度训练

- 加速跑

- 进进出出

▶减速训练

- 减速成双脚前后交错的防守姿势

- 减速后执行技术动作

扶墙蹬摆（单腿交换）

目标 提高运动员前腿膝关节向前和向上的蹬摆，同时保持正确的加速姿势。

动作 运动员站立，离墙约1码的距离，身体向前倾斜45度角，双手放在墙上支撑身体。从这个姿势，运动员的右腿膝关节朝墙面向前和向上抬起，呈蹬摆的姿势，并短暂地保持这个姿势。然后将右腿向下蹬向地面，同时将左腿膝关节向前和向上抬起，再短暂地保持这个姿势。见图6.50。

指导要点

- 身体保持一条直线，不要屈髋。

- 前腿向前和向上抬起，同时踝关节背屈。

- 双腿交替抬起和放下时应快而有力，但不能改变身体姿势。

变化 这个动作可以发展成两次交换（2个重复动作，运动员回到起始姿势）和三次交换（3个重复动作）。

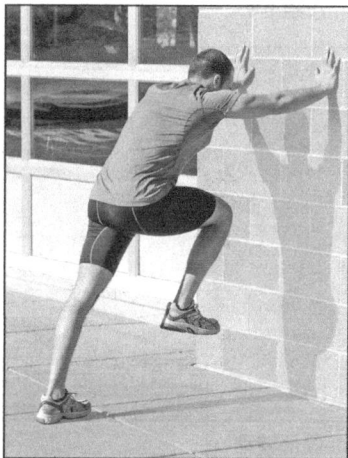

图 6.50 扶墙蹬摆（单腿交换）

横向接下落球

目标　提高运动员做出反应时横向的加速能力。

动作　双脚前后交错站立，一名教练或同伴站在运动员一侧，离运动员 5 米远，面向运动员。教练或同伴手持足球前举于胸前，与肩膀齐高。运动员面向前方，然后转头看着足球（见图 6.51a）。教练或同伴让球落下，以这个为信号，运动员转髋，全力向球加速，在球第二次弹地前抓住球（见图 6.51b）。运动员应向前摆动外侧腿，然后加速。

指导要点

- 运动员转髋，使髋朝向运动的方向，同时转移身体重心。
- 步伐应尽可能快而有力。

变化　在每成功完成一次尝试后，增加运动员与同伴之间的距离。运动员可以执行一系列的技术，例如射门、传球和开始运球。同伴可以在运动员前面或后面将球落下。

a. 起始姿势

b. 髋部转动

图 6.51　横向接下落球

多方向动态启动

目标 提高运动员从多种状态动态启动时的加速能力。

动作 放置两个圆锥筒标记开始区域，再放置一个圆锥筒标记加速区。圆锥筒的摆放取决于对初始移动和随后移动的选择。运动员开始在前两个圆锥筒之间移动，在到达第二个圆锥筒时，开始向第三个圆锥筒加速一段距离。足球比赛中球员移动的特点就是多种移动的组合。因此，加速前的运动状态的方向可以是多样的，加速前的移动方向也可以改变。加速后的方向也可以根据训练目标而定。见图6.52。

指导要点

- 在初始移动期间，保持对身体姿势的控制。
- 在加速时，强有力地摆动双腿和双臂。

变化 通过对初始移动和随后移动的调整，这个训练可以发展成多种模式。运动员节奏的变化可以自己掌控，或者根据外部信号调整。

图6.52 多方向动态启动

侧向滑步结合切步

目标 提高运动员切步和变向能力。

动作 场地放置2个圆锥筒，相距5码。运动员呈运动姿势，靠近第一个圆锥筒，第二个圆锥筒在运动员较远的地方。运动员向第二个圆锥筒侧向滑步，在到达第二个圆锥筒后，使用一个切步动作，然后再向第一个圆锥筒侧向滑步（见图6.53a和图6.53b）。当完成切步时，双脚要比双膝更宽，同样双膝也比髋部更宽。脚落地时脚尖指向正前方，几乎整个脚掌触地，重心应在脚的跖骨球上，从而能够施加更大的力。运动员应用力地蹬地，从而向另外一个方向侧向滑步。

指导要点

- 在侧向滑步过程中，身体应在自己能够支撑的范围内，使力在一条有效的直线上。
- 球员外侧脚并不均匀着地，而是指向正前方。

变化 运动员可以进行单次重复训练，或者进行一系列的重复训练，确保每条腿都完成相同数量的切步动作。掌握了基础的技术以后，就可以根据外部信号进行变向。

a. 侧向滑步

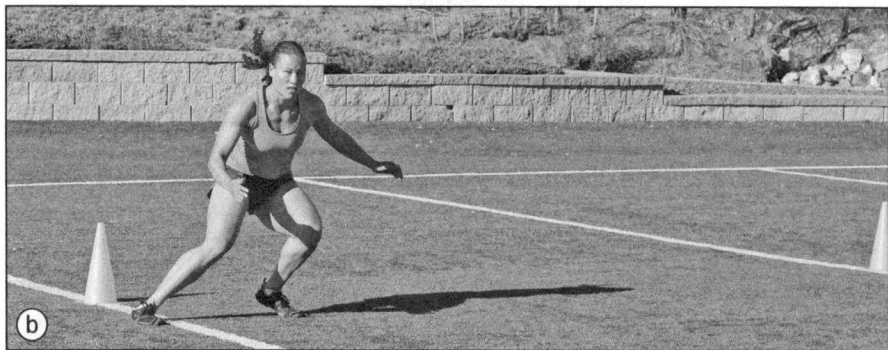

b. 切步后向回滑步

图6.53 侧向滑步结合切步

跑动创造空间

目标 提高运动员在足球比赛环境中特定时间点的加速能力。

动作 用 4 个圆锥筒标记一个 10 平方米的方形区域。在方形区域内，两名运动员面对面站立。一名运动员承担进攻角色，另一名运动员承担防守角色。进攻球员的目的在于创造空间，朝一个圆锥筒加速。而防守球员的目的在于保持进攻球员与圆锥筒之间的初始距离。如果可能，阻止进攻球员到达圆锥筒，或者比进攻球员先到达圆锥筒。进攻球员先移动，试图调动防守球员以创造空间，随即向 4 个圆锥筒中的其中一个加速（见图 6.54a 和图 6.54b）。训练在开始 3 秒后结束，或者进攻球员到达一个圆锥筒后结束。然后转换角色再重复训练。

指导要点

- 两名运动员在移动前都保持卡位的姿势。
- 用第 3 章中介绍的方式进行加速。

变化 可以改变训练覆盖区域的大小和运动员试图到达的位置（这可以是随机的或教练提前决定的），或者加入一些技术动作要求，例如在到达圆锥筒时接住传球。

a. 切步以获得空间

b. 向空位加速

图 6.54 跑动创造空间

足球专项曲线跑

目的　提高运动员按曲线模式奔跑的能力以及完美的小幅度变向的能力。

动作　用许多标志杆按照足球运动员典型的曲线跑动模型摆放。例如，这个训练可以复制中场球员创造空间向前推进时的跑动模式。运动员按照标志杆摆放出的路线冲刺，在所有区域都保持匀速。在整个冲刺过程，保持身体呈一条直线，但是随着曲线倾斜，倾斜时必须整个身体都倾斜。见图 6.55。

指导要点

- 手臂全范围地摆动，手在髋与肩之间移动。
- 任何倾斜都是整个身体的倾斜，跑动时抬头挺胸。
- 前腿向前和向上蹬摆，在运动过程中踝关节背屈，双腿快速交替摆动以加快步频。
- 脚落地位置在身体重心下方，用脚的跖骨球着地，稍微朝向外侧，因为运动员朝着曲线倾斜。

变化　不同的模式可以模仿足球运动中不同的任务，例如一名边路后卫在后卫外侧曲线跑，或者一名中场球员曲线跑以远离防守球员。

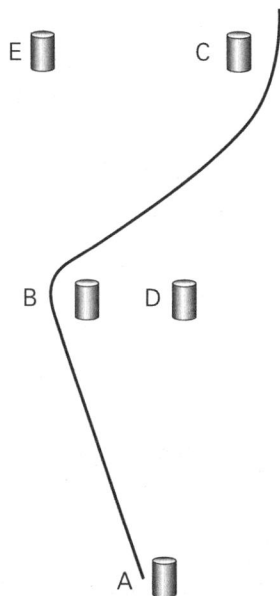

图 6.55　足球专项曲线跑

摆脱防守（防守球员向后移动）

目标 提高运动员进攻时摆脱防守球员，然后再加速的能力，以及在防守时向后移动跟住进攻球员，然后再加速的能力。

动作 两名运动员进行这项训练，一名球员承担进攻角色，另一名球员承担防守角色。标记一个约15码宽、20码长的区域，这块区域的大小也可以根据专项训练的目的来决定。更小的区域强调运动员在小区域内创造空间加速的能力。进攻球员站在标记区域一端的1号圆锥筒处，1号圆锥筒放在边线的中间位置。防守球员在2号圆锥筒处，呈运动姿势，2号圆锥筒放置在进攻球员前方2码处。进攻球员移动时则训练开始。进攻球员试图通过在移动时，在某个点突然加速向前移动到达标记区域的另一端。防守球员开始时先向后倒退，跟住进攻球员的移动，试图在整个训练中都贴住进攻球员。防守球员加速，以跟上进攻球员的移动。在随后的重复训练中转换角色。见图6.56。

指导要点

- 在移动的初始阶段，需要保持高效的身体姿势。对于防守球员来说，在后退时需要保持运动姿势。对于进攻球员来说，需要在跑动模式和减速模式之间做出调整，从而做出高效的切步动作。
- 在进行切步动作时需要变向，然后再使用恰当的姿势加速。

变化 可以引入一些变化的训练，包括改变距离和方向，对球员做出不同的指示，以及加入一些技术，例如对球做出反应。

图6.56 摆脱防守（防守球员向后移动）

加速跑

目标　提高最大速度奔跑时的动作，以及变换节奏的能力。

动作　用多个圆锥筒摆放出一个 60 码长的线路。运动员沿着线路奔跑，每 20 码增加跑步速度直到最后阶段达到最大速度。重点在于通过前几个区域时有效地改变节奏，并在最后 20 码达到最大速度。在这个训练中，运动员的身体姿态是直立的或呈直线向前稍微倾斜。见图 6.57。

指导要点

- 手臂全范围地摆动，手在髋与肩之间移动。
- 前腿向前和向上蹬摆，在运动过程中踝关节背屈，双腿快速交替摆动以加快步频。
- 脚着地时在身体重心下方，用脚的跖骨球着地。

变化　奔跑的距离可以是不同的。

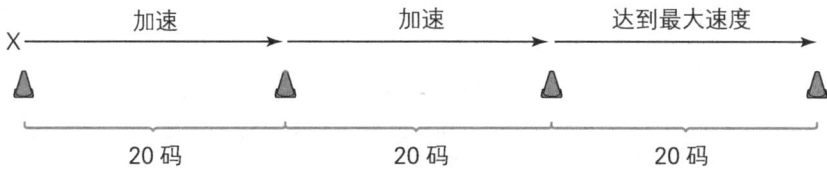

图 6.57　加速跑

进进出出

目的 提高运动员在高速奔跑时放松的能力。

动作 摆放 5 个圆锥筒，相邻两个相距 15 码。运动员沿这 60 码的路线奔跑，每 15 码增加跑步速度以使运动员跑完第二个 15 码距离时达到最大速度。在最后阶段，运动员放松的同时保持匀速，回到 90% ~ 95% 的最大速度上。见图 6.58。

指导要点

- 运动员的身体姿势是直立的，或者呈直线向前轻微倾斜。
- 手臂全范围地摆动，手在髋与肩之间移动。
- 提醒运动员放松。
- 前腿向前和向上蹬摆，在运动过程中踝关节背屈。
- 脚着地时在身体重心下方，用脚的跖骨球着地。
- 双腿快速交替摆动以加快步频。

变化 训练的"出"阶段发生在早期，运动员回到最大速度，并在随后的 15 码阶段保持最大速度。

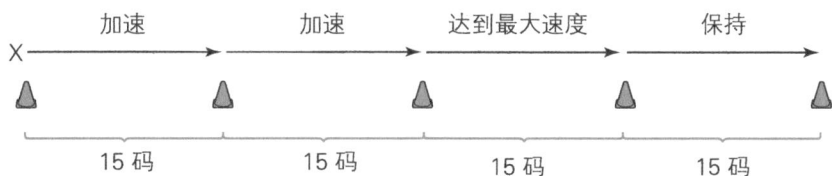

图 6.58 进进出出

减速成双脚前后交错的防守姿势

目标　提高运动员减速然后呈双脚前后交错的防守姿势的能力。

动作　运动员在1号圆锥筒处呈运动姿势，面向5码开外的2号圆锥筒。朝2号圆锥筒奔跑，在接近2号圆锥筒时减速，降低身体重心，减小步幅（见图6.59a）。在2号圆锥筒处，运动员呈双脚前后交错的防守姿势，任意一只脚在前（见图6.59b）。这项训练复制模仿了一个防守姿势，在这个姿势下运动员可以阻止防守球员朝某个方向前进。

指导要点

- 呈运动姿势时双脚分开（与髋部齐宽或略宽），身体重量在双脚的跖骨球上。
- 在双脚前后交错的运动姿势时，一只脚比另一只脚稍前一点，使身体朝向左侧或右侧。

a. 运动员减速

b. 双脚前后交错的运动姿势

图 6.59　减速成双脚前后交错的防守姿势

减速后执行技术动作

目标 提高运动员减速后执行　个足球技术动作的能力。

动作 运动在 1 号圆锥筒处呈运动姿势，前方依次摆放 2 ~ 5 号圆锥筒，每两个之间相距 10 码。教练或同伴拿着足球站在 2 号圆锥筒附近。运动员向 2 号圆锥筒跑动，然后减速，执行一个足球技术动作（如射门、控制传球或救球）。在运动员减速时，教练或同伴用合适的方式给运动员喂球，使运动员能够完成技术动作（见图 6.60a 和图 6.60b）。这个技术动作可以是预先确定的，也可以给运动员提供选择，使其根据球的情况做出反应。

指导要点

- 在减速时，降低身体重心，然后迅速调整姿势，为执行技术动作做好准备。
- 在接近圆锥筒时，减小步幅的长度。
- 呈运动姿势时双脚分开（与髋部齐宽或略宽），身体重量在双脚的跖骨球上。

变化 可以改变跑动的距离、移动时的初始速度和执行的技术动作。

a. 运动员朝足球加速

b. 运动员减速后射门

图 6.60 减速后执行技术动作

网球

黛安·韦弗斯 (Diane Vives)

网球是一项多方向的运动。短距离冲刺、快速变向、间歇短的恢复期等，所有这些动作交织组成了网球技术。专项移动是由比赛的需求所决定的，两点之间的移动模式不尽相同。冲刺则是由对对手下一个动作的预判以及对球的飞行轨迹和球速的预判所决定的。这节内容的重点在于发展网球运动员的专项速度。

网球运动中的速度

考虑到网球运动中速度的专项性，评估网球比赛中对速度的需求至关重要。在典型的比赛中，一次得分所持续的时间一般少于 10 秒，两次得分之间的间隔为 20 ~ 25 秒（Kovacs，2009）。这些时间也会根据网球场地的不同而不同。

在两次得分期间，网球运动员平均变向 4 次，但是根据得分时长和场地类型的不同，选手需要变向的次数范围一般为 1 ~ 15 次（Kovacs，2009）。研究表明，在网球比赛中，80% 的击打移动的距离一般为 2.5 米或少于这个距离，在两次击打之间，只有 5% 的情况下需要移动的距离大于 4.5 米（Kovacs，2004 and 2009；Roetert et al.，2005）。移动的最长距离一般为 8 ~ 12 米。这就强调了对短距离速度的要求。因此，我们可以得出结论，爆发力、爆发力耐力（保持高水平力量输出的能力）以及速度是网球运动对运动员身体素质的主要需求，应该成为网球运动员体能训练方案的重点。

在网球比赛中常见的移动有向网前移动(少于 20%)、向底线移动(少于 8%)、横向覆盖球场宽度的移动（大于 70%），以及这些移动结合对角线的球移动。对于这些移动的方向，研究表明网球比赛中大于 70% 的移动方向是从一侧到另一侧（Kovacs，2009）。这个事实说明，网球运动员需要进行横向速度训练，从而提高他们在球场上的速度。

考虑到移动的距离较短，网球速度另一个重要的方面就是使用专项策略以加快第一步的启动速度和启动后的加速能力。网球选手需要根据对手的动作做出移动，所以选手需要呈启动姿势为接下来的多方向移动做好准备。有一个可以加快第一步的启动速度的技术就是分腿垫步，运动员可以向前或侧方移动。近些年，这种打破惯性制造强有力的第一步启动的技术已经发展到了一个更高的层次（Roetert and Ellenbecker，2001）。由于网球运动中速度的提升和教练对录像的分析能力的提高，分腿垫步技术得到了发展。现在顶尖的选手不再是双脚同时平行落地，而是使用更先进的分腿垫步技术，即在空中做出反应并分腿，然后离球远端的一侧脚比另一侧脚提早一些落地（Roetert and Ellenbecker，2001）。在横向移动时，运动员使用更快的分腿垫步（Kovacs，2009；Matsuda et al.，2005）。

其他快速启动策略包括轴转步法和重心步法，这两种步法都用于横向加速。轴转步法包括前脚作为中轴脚旋转，同时髋部转向网球的方向，另一只脚向网球方向迈出第一步（Kovacs，2009）。重心步伐则是第一步将前脚带向身体，远离意图移动的方向，类似于向前移动时的撤步。朝向身体的这一步将身体重心转移至支撑的边缘，或刚刚离开身体的支撑范围，为下一步移动蓄力。尽管这两个步法都是为了横向加速，研究发现，当选手需要在球场上横向移动时，使用重心步法比轴转步法更快（Kovacs，2009）。

网球运动中速度的实际意义

在分析了影响网球运动中速度的主要因素后，我们就有可能找出教练或训练师用来提高网球选手在球场上的速度的方法。网球运动员的移动结合了大量的制动、启动、变向和短距离冲刺等运动模式。找出能够转化成球场上更快的速度和变向的要素很重要，这些要素可以使本节接下来介绍的训练更有效。

要想成功，运动员必须具有良好的运动平衡能力，即移动时将重心保持在身体支撑范围之内的能力。有效控制平衡能够使运动员可以向任何方向发力。如果运动员失去平衡，或者重心在身体支撑范围之外，就不能做出有效的移动，很多情况下还会增加触地时间或减少力的作用。这也会导致变向更慢，或者使运动员需要多迈几步以保持平衡，这在网球运动中都是起到反作用的。

另外一个很重要但经常被忽视的因素就是减速。科瓦奇将减速称为"网球专项训练中被遗忘的因素"（2008）。网球选手的减速能力决定了他们为下一步移动做的准备和蓄力的效果如何，下一步移动的爆发力如何，以及减速的安全性如何。有效的减速需要降低身体重心，负荷主要集中在下半身的大肌肉群上，同时保持重心在身体支撑范围之内。减速训练不仅能提高球员在场上的表现，而且也被认为是降低受伤风险的因素之一。事实证明，许多受伤都是在减速时发生的，因此，有效的减速训练可以降低受伤的风险（Kovacs，2008）。

为了使这些训练的成果最大化，应首先采用闭合式技术训练，即运动员在没有变化的环境中对移动模式进行训练。这使运动员在专注复杂的反应性训练前先掌握关键的移动模式。在网球运动中，反应训练包括网球比赛中的专项移动和提高赛场表现所需要的技术。这使运动员可以在一个可预测的环境中将技术和移动模式结合在一起，将协调性的发展和专项训练的结果最大化。掌握闭合式技术训练后，运动员就可以开始进行开放式技术训练。在开放式技术训练中，一些不确定的因素（如网球投掷、教练口头提示或球拍的姿势）将会加入到训练中。这使教练在训练中可以创造一个比赛的氛围，同时知道，投入到技术训练中的时间将在网球比赛中得到回报。

尽管直线加速的基本技术和动作在网球运动中并不是主要的移动模式，但训练这些技术也可以使网球运动员受益。向前冲刺训练有利于发展多方向速度的基础技术。因此，第3章中强调的许多训练可以用在网球运动的速度训练方案中。

针对网球运动的专项速度训练

本节重点介绍提高网球运动中的速度的训练方法。以下提供了四种类型的训练：减速、加速、变向和反应开放式技术训练。这些移动模式反映了速度在网球运动中的应用。教练和运动员也可以根据列举的训练方法进行添加或改变，使其更符合自身训练的要求。

▶减速训练

- 快速下蹲
- 单脚平衡至分腿蹲
- 稳定性滑行

▶加速训练

- 横向垫步跳

- 结合分腿垫步快速移动

- 栏架跳

▶变向训练

- 滑板冲刺

- 网球折返跑

- X 字形移动

- Z 字形切步

▶反应开放式技术训练

- T 形反应

- 快速跺脚后冲刺

- 药球投掷和冲刺

渐进式的训练是速度训练的重要组成部分。本节列举的训练遵循了一般进阶训练的原则，既可以减少受伤的概率，也可以最大限度地提高网球运动员在比赛中的速度。进阶原则如下：

▶慢速和稳定到快速和爆发性

▶简单到复杂

▶单向到多向

▶闭合式技术到开放式技术

▶身体重量到外部阻力

快速下蹲

目标　训练快速降低重心同时保持对身体的控制的能力。这强调了在双脚分开姿势下保持正确的身体姿势和动态平衡的能力，需要下肢有较好的离心力量。

动作　运动员开始先直立，双脚与髋部齐宽。然后髋部快速向后下沉，呈下蹲姿势。动作结束时，大腿刚好处于高于与地面平行的高度，双脚与肩齐宽。保持平衡和对身体的控制，然后再回到直立姿势，准备重复下一次动作。见图 6.61。

指导要点

- 这个移动强调髋部向后下沉。在向前移动时，身体太过直立或膝关节过度弯曲会增加对膝关节的压力。

- 眼睛直视前方，抬头挺胸，双脚指向正前方（不要向外旋转）。

- 下蹲应尽可能快，但运动员必须在停住时能够保持平衡和稳定的姿势。

图 6.61　快速下蹲

变化　一名同伴将双手放在运动员的双肩上，在运动员完成动作时提供轻微的阻力。进阶训练也可以用一根阻力带系在运动员的髋部，固定在地面某个点处，阻力带与地面呈 45 度角，这样一个较小的阻力足以产生可观的额外负荷。对于高水平运动员而言，快速下蹲可以采用单腿的方式，同时需要保持踝关节、膝关节和髋关节在一条力线上。

单脚平衡至分腿蹲

目标 训练运动员向前和横向移动时减速所需的力量和姿势。为了保证效果，运动员必须降低重心，充分动员肌肉参与，从而快速减速，同时要避免不必要的迈步和上身的移动。

动作 开始先单脚站立，抬起另外一侧腿的膝关节到髋部高度（见图 6.62a）。身体向前倾斜，然后放下抬起的脚。把脚放下后，双脚前后分开，与髋部齐宽。前腿的大腿刚好处于高于与地面平行的高度，身体躯干直立（见图 6.62b）。另外一侧的手臂前摆，以保持上半身的平衡。之后稍作停顿以保持完全的平衡，再换另一侧重复以上步骤。

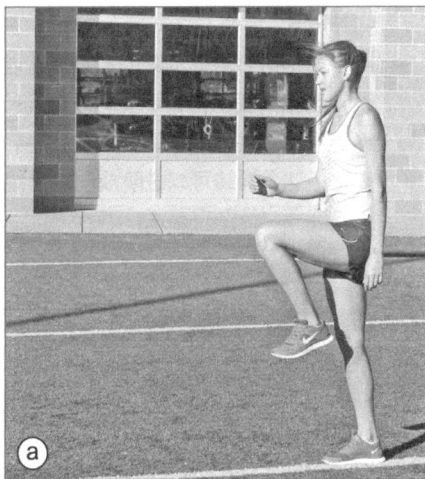

a. 起始姿势

指导要点

- 注意双腿的踝关节、膝关节和髋部呈一条直线。
- 膝盖不可以向外撇。
- 脚着地时应该平稳可控，动作结束时保持一个平衡稳定的姿势。
- 侧视图显示了在动作完成后，运动员的前腿的运动姿势。

变化 同伴可以站在运动员身后，在运动员向前倾时，同伴轻轻推运动员，以增加运动员向前的动能以及腿着地时的负荷。同伴也可以朝运动员移动的方向扔一个药球，让运动员着地时抓住球。这为减速姿势增加了一个负荷，也对运动员的动态稳定性提出了更高的要求。接下来，运动员在着地后可以立即发力起身回到单腿站立的姿势。

横向移动也可以使用这项训练。运动员使用相同的单脚站立姿势，然后向抬起那侧腿的方向身体倾斜。脚着地时指向正前方，同时保持在完成动作时身体一侧踝关节、膝关节和髋关节呈一条直线。

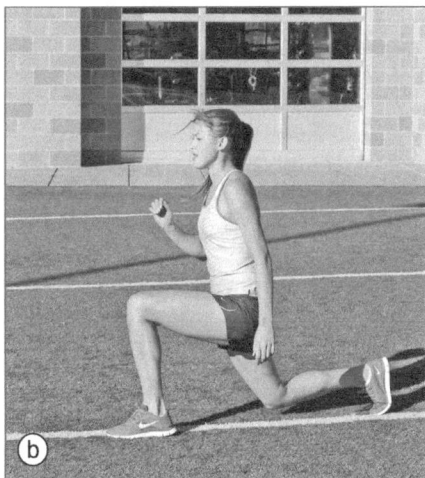

b. 分腿蹲

图 6.62 单脚平衡至分腿蹲

稳定性滑行

目标 训练爆发式变向时所需的力量和稳定性，重点在于可控的平衡着地并制动所表现出的正确姿势。

动作 开始时单脚站立，然后横向跳跃，另一侧腿着地后同样是单脚站立姿势（见图 6.63a 和图 6.63b）。身体不必太过直立。在最后姿势时停住，身体不要移动，保持稳定性和对身体的控制。运动员可以从窄距交换跳向宽距交换跳进行进阶训练。如果在蹬离地面时快而有力且无延迟，那么也可以在横向交换跳中增加反向动作。

指导要点

- 在着地时，身体的重心和肩膀在着地支撑的上方。
- 双脚指向正前方，不要朝外侧翻转。
- 这项训练注重着地姿势的稳定性，然后才是减少触地时间和发展爆发力。

变化 这个训练可以进阶成向对角线交换跳，运动员按 Z 字形横向向前跳跃。

a. 单腿起始姿势

b. 单腿发力姿势

图 6.63 稳定性滑行

横向垫步跳

目标 提高横向加速和脚离地时的爆发力。

动作 运动员开始在原地做垫步跳，然后用左腿完成三重伸展（踝关节、膝关节和髋关节），强力蹬地，将身体推向右侧，或者右脚蹬地将身体推向左侧。保持垫步跳的模式，保持肩膀朝前，在垫步跳中采用一致的对侧摆臂动作。见图 6.64。

指导要点

- 两脚不要交叉。
- 运动员后腿在加速的角度上踝关节、膝关节和髋关节充分伸展。

变化 可以在运动员腰间绑上一个阻力带以增加阻力。一名同伴将阻力带的另一端固定在地面上，使阻力带与地面呈 45 度角。运动员可以向前垫步跳再横向垫步跳。也可以通过一个负重背心来增加额外阻力。增加的重量不应该超过运动员体重的5% ～ 10%。

图 6.64 横向垫步跳

结合分腿垫步快速移动

目标 提高运动员向前移动时从慢速加速到冲刺的能力。向前加速是这项训练的重点。

动作 将 4 ~ 6 个圆锥筒摆成一条直线，相邻两个圆锥筒之间相隔 5 码。运动员开始先慢跑，在到达第二个圆锥筒时使用分腿垫步开始冲刺，然后全速向下一个圆锥筒冲刺。在到达下一个圆锥筒时运动员用最短的时间减速到慢跑状态。然后重复这个模式，直到到达最后一个圆锥筒。见图 6.65。

指导要点

- 可以选择使用标准的分腿垫步或现代分腿垫步，这取决于运动员的经验和竞技水平。
- 在减速时降低身体重心，使用正确的动作。
- 在冲刺时，手臂向前和向上摆动到肩膀高度，然后再向后摆动，使手掌到髋部位置。

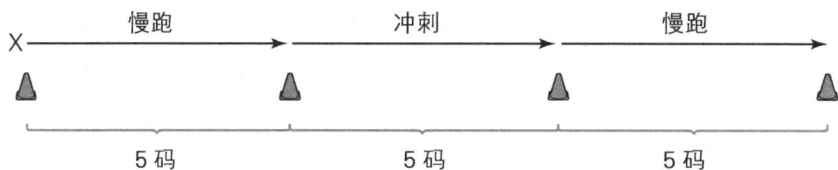

图 6.65 结合分腿垫步快速移动

栏架跳

目标 提高运动员加速时的力量和爆发力。

动作 将5个栏架放置在一条直线上，相邻两个之间间距约2英尺（约60厘米）。根据运动员的训练史、经验和进度，栏架高度为2～18英寸（5～45厘米）。教练决定最开始的高度，对于初学者来说，栏架高度要逐渐增加。运动员站立，双脚与肩齐宽，然后跳过栏架，保持连续跳跃模式并跳过这几个栏架。应注意落地时要平稳且节奏一致。动作技术逐渐熟练后，运动员就可以注重速度，尽量减少停留在地面的时间，就像落在滚烫的煤炭上那样。开始训练时用双脚跳，熟练后再用单腿跳。见图6.66。

指导要点

- 至少使用5个栏架，且确保运动员在每次跳跃时都能跃过。限制栏架的数量可以消除疲劳的影响。
- 更高栏架的进阶训练应使用小的增量，以逐渐增加跳跃的幅度和强度。

变化 在掌握向前跳跃动作技术后，也可以加入横向跳跃。运动员要使用正确的跳跃动作。掌握向前跳跃和横向跳跃后（这可能需要数周的时间），就可以使用单腿跳跃栏架。开始先单腿向前跳跃更低的栏架，然后再进阶至单腿横向跳跃栏架（起跳可以朝脚的内侧方向和外侧方向），之后再逐渐增加栏架的高度。

图6.66 栏架跳

滑板冲刺

目标 训练横向变向能力以及提高动态平衡能力。

动作 教练选择一个长度合适的滑板，可以使运动员做出正确的蹬离动作，滑动时使运动员的脚可以稳稳顶住对侧边的横挡。运动员的脚与滑板的接触要合适，从而能够流畅做出下一个重复动作。开始时运动员一只脚抵住一侧的横挡，上半身转向另一只脚（见图6.67a）。用最快的速度侧滑4～8次（见图6.67b）。这个训练的目的在于发展冲刺横移时的爆发力。运动员应注重加快速度、横向变向能力和尽量减少在滑板上的停留时间。应该使用上半身、手臂和肩膀的移动来帮助腿部发力，同时全程应保持躯干的稳定和运动姿势。手臂朝移动方向在体前交叉摆动。上半身在强有力的横向移动中至关重要。

a. 起始姿势

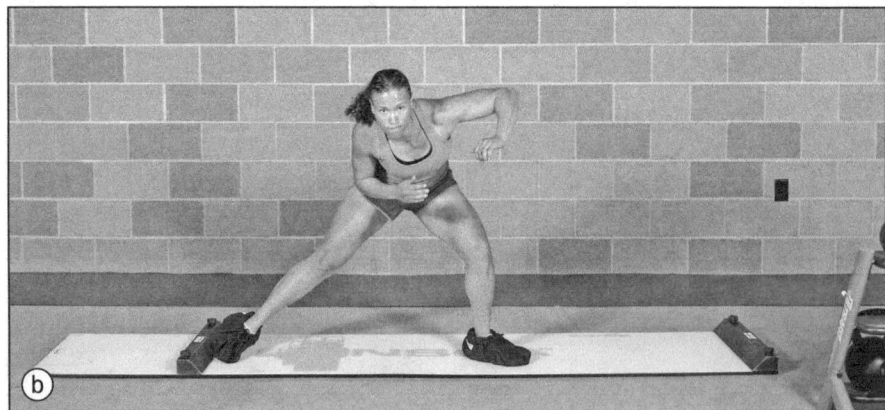

b. 滑动

图 6.67 滑板冲刺

指导要点

- 始终保持运动姿态。
- 当滑动时双脚应该与肩齐宽。

变化 高水平运动员可以在腰间系一条阻力较小的带子，带子的另一端固定在运动员需要强化的一侧，从而强调运动员蹬地时的力量。这个动作需要较大爆发力来克服阻力蹬地，并且能够轻松地控制身体回到原来的位置。换另一侧重复动作。也可以加一个自由的重量，一只手可以轻易地拿住的重物即可。运动员可以前手持重物，增加着地和蹬地的负荷，然后在滑行过程中将负荷换至另一侧手。

网球折返跑

目标 训练横向变向的能力，提高变向的技术，提高更快地反应和横向启动时所需的力量和爆发力。

动作 将 3 个圆锥筒摆放成一条直线，相邻两个相距 5 码。开始时运动员位于中间那个圆锥筒处，身体与圆锥筒形成直线式的平行，右脚站在直线上。向右侧的圆锥筒冲刺，用右手触摸圆锥筒。然后转身，向最左侧的圆锥筒冲刺，用左手触摸圆锥筒。然后再转身，向中间那个圆锥筒冲刺。见图 6.68。

指导要点

- 快速降低重心和减速以助于变向。
- 使用不同的步法开始训练，例如分腿垫步、重心步法、轴转步法。
- 动态平衡对于快速变向来说至关重要。

变化 为了强调减速和对身体的控制，可以在训练中加入两个网球。开始时运动员手拿一个网球，另一个网球放在左侧的圆锥筒上。运动员向右侧的圆锥筒冲刺，将网球放置在圆锥筒上。然后向最左边的圆锥筒冲刺，拿起圆锥筒顶端的网球，然后再向中间的圆锥筒冲刺。可以使用不同高度的圆锥筒，强调变向时不同的身体姿势，使这项训练更具有针对性。

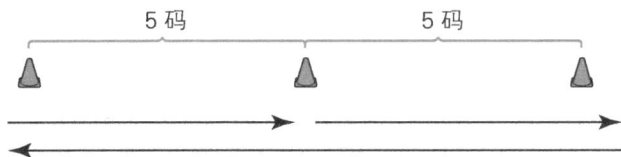

图 6.68 网球折返跑

X 字形移动

目标 提高多方向的冲刺能力以及变向时脚步的运用。

动作 4 个圆锥筒摆成一个边长为 5 码的正方形区域。运动员从 1 号圆锥筒开始直线向 2 号圆锥筒冲刺。触摸 2 号圆锥筒，右转，然后向 4 号圆锥筒冲刺。触摸 4 号圆锥筒，然后左转，向 3 号圆锥筒冲刺。触摸 3 号圆锥筒，再左转，向 1 号圆锥筒冲刺。运动员触摸圆锥筒时需要完全减速和平稳的制动，这样才可以在向下一个圆锥筒启动冲刺时更具爆发力。见图 6.69。

指导要点

- 运动员在减速时需要降低重心和缩短步幅。
- 随后的加速，需要后腿强有力地三重伸展和前腿强有力地向前摆动。
- 手臂应该强有力地摆动以配合腿部动作。

图 6.69 X 字形移动

变化 可以使用技术组合，例如滑步和后退步冲刺。在进行这项训练时，一名教练或训练师可以站在 1 号圆锥筒前方，运动员按照原始训练的模式冲刺，但在 1 号圆锥筒处教练向球员投掷一个药球，运动员将球旋转投掷回给教练，然后继续向 2 号圆锥筒和 3 号圆锥筒冲刺，第二次向教练旋转投掷药球，然后再向 4 号圆锥筒冲刺。

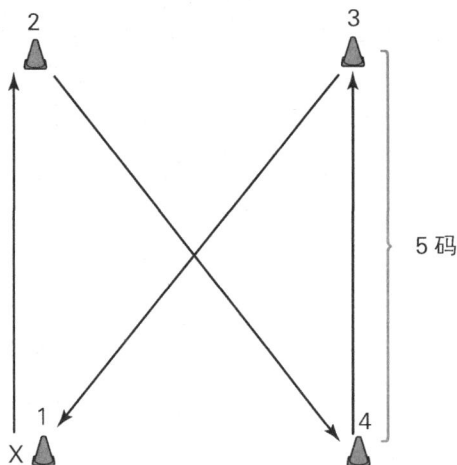

Z 字形切步

目标 训练大幅度且流畅的切步技术，从而提高变向能力。

动作 按 Z 字形模式摆放 4 个圆锥筒，圆锥筒之间相距 5 码。运动员在第一个圆锥筒处双脚平行站立，向对角线方向的下一个圆锥筒冲刺，以外侧脚为中轴脚变向，然后再向对角线方向下一个圆锥筒冲刺，使用外侧脚切步变向再向最后一个圆锥筒冲刺。这就是 Z 字形移动。熟悉了这个模式，并且能够正确执行切步移动后，运动员应全速进行这项训练，同时保持正确的姿态和对身体的控制。见图 6.70。

指导要点

- 确保运动员在切步移动时身体重心下沉。不要让运动员一直保持直立。
- 在完成切步时，运动员双肩在支撑范围之内。

变化 运动员可以穿上一个负重背心，从而增加快速变向时所需要的弹性；可以用手触摸圆锥筒，从而强调减速和启动；可以先向右跑再向左侧冲刺。

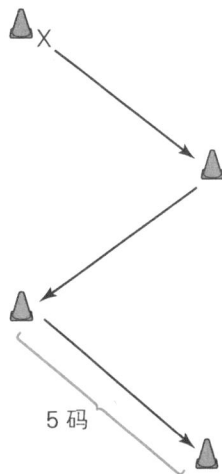

X

5 码

图 6.70 Z 字形切步

T形反应

目标 提高反应时间和变向的速度。

动作 4个圆锥筒摆放成T字形。1号圆锥筒与2号圆锥筒之间的通常距离是10码，3号圆锥筒与4号圆锥筒之间的通常距离也是10码，这两个距离也可以更短。运动员站在1号圆锥筒处，呈运动姿势，教练下达指令后，向2号圆锥筒冲刺。当运动员接近2号圆锥筒时，教练发出第二个指令，指出运动员在到达第二个圆锥筒后需要切步和前进的方向。运动员接下来冲刺，触摸圆锥筒，然后再变向，向另一侧的圆锥筒冲刺，之后再回到中间的圆锥筒，最后退回到1号圆锥筒。见图6.71。

指导要点

- 向前冲刺时要尽可能地快，同时保持正确的姿势。

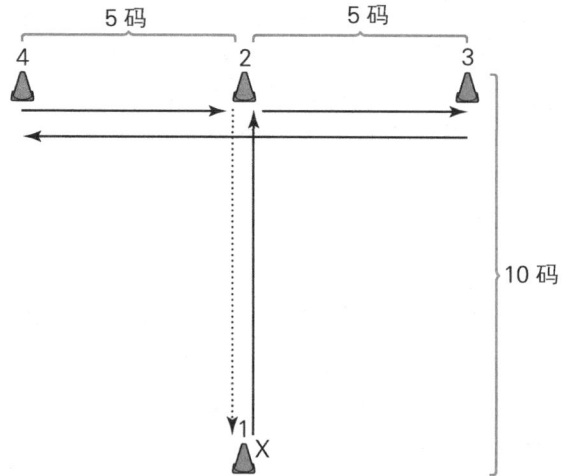

图 6.71 T形反应

- 教练在运动员冲刺的中间点发出第二道指令，使运动员能够在全速冲刺时做出切步动作。
- 运动员应适当地减速，在变向时再启动加速。

变化 口头指令可以变得更复杂，可以用颜色或词语代表方向和开始。也可以引入视觉指令，例如一个网球或一个球拍或简单的手臂手势。

快速跺脚后冲刺

目标 提高反应时间和变向所需要的力量和爆发力。

动作 用 4 个圆锥筒摆放成一个方形区域。第 5 个圆锥筒放在方形区域的中央。方形区域边长 10 码。两名运动员站在方形区域中间那个圆锥筒的一侧（见图 6.72a）。随着教练的指令，两名运动员快速原地跺脚。当教练给出向上、中间、向后的指令时，两名运动员向他们一侧的圆锥筒横向或对角线冲刺（见图 6.72b）。两名运动员触摸到圆锥筒，然后变向，回到起始姿势，又立即快速跺脚。重复这个训练 4 ~ 6 次，然后训练结束。运动员须停留在方形的一侧，不可以越过中间的那个圆锥筒。

指导要点

- 使用清晰的视觉或听觉指令。
- 鼓励球员在变向时使用正确的姿势，并且应全速向圆锥筒冲刺。

变化 可以使用更复杂的指令来确定目标圆锥筒。运动员开始冲刺时可以使用分腿垫步，也可以使用不同的技术，例如垫步跳或滑步。

a. 起始姿势

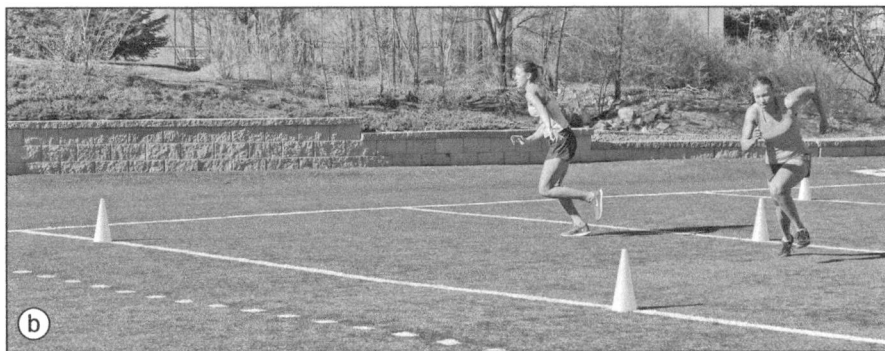

b. 比赛触摸圆锥筒

图 6.72 快速跺脚后冲刺

药球投掷和冲刺

目标　在训练反应和速度时加入专项技术。

动作　运动员站在一块类似网球场区域的底线中央。选一个重量较轻的药球，教练在区域内向任何方向投掷药球 5 ~ 10 码远。运动员向药球冲刺，使球弹地一次，然后抓住球投回给教练。投掷动作类似正拍击球或反拍击球。投球后立即冲刺回到起始位置。重复这个训练 5 次。教练可以改变投掷球的距离和方向，尽可能地使投球的距离和方向让运动员难以预测。见图 6.73。

指导要点

- 运动员应该使用正确的上身姿势和体侧投掷球的动作。
- 运动员每次都应该直接将球投掷给教练。

变化　教练可以使用指令要求运动员用不同的投掷球方式，例如头顶掷球、胸部传球和勺子传球。也可以同时训练多名运动员，开始时球员都站在底线，当教练叫到他们的名字、颜色或号码时，运动员开始做出反应。

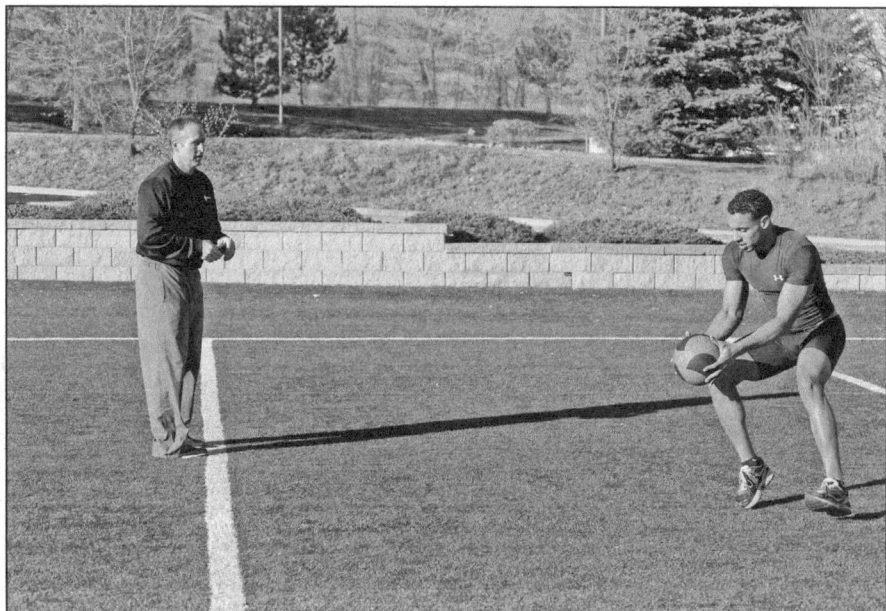

图 6.73　药球投掷和冲刺

径赛项目

杰里米·谢泼德

直线速度对于径赛项目中的全速短跑运动而言至关重要，奥运会男子百米冠军被誉为是世界上跑得最快的人。在本质上，第 2 章中相关的技术信息与第 3 章中大多数的训练方法都来自于径赛项目中的全速短跑运动。因此，第 3 章中列举的所有的训练方法都适用于短跑运动员。速度对于全速短跑运动至关重要，前几章已经强调了直线速度的不同的组成部分，所有的这些都必须在最大限度地提高全速短跑的运动表现中被考虑到。

径赛项目中的速度

不同于其他在多变的比赛环境中使用速度的运动，径赛项目中的全速短跑运动的速度基本是保持一致的。全速短跑的环境（即跑道）是标准化的，而且任务是提前定好的，例如室内跑道的 60 米或室外跑道的 100 米。每次全速短跑的任务本质上是一样的，运动员站在起跑线上，脚踏在起跑器上，做好预备姿势，然后发令枪响。唯一的变量就是发令的不同。由于任务是既定的，全速短跑的技术模式的可变性就小得多。因此，对于径赛项目中的全速短跑运动技术的研究就比其他团队和场地运动的技术模式的研究更广泛。

径赛项目中速度的实际意义

可以将径赛项目中的全速短跑运动分为以下主要阶段：反应阶段、加速阶段、最大速度阶段（或速度保持阶段）、减速阶段。反应阶段包括预备姿势、对发令枪做出反应以及首次发力。接下来几个阶段的不同在于速度的变化率（加速度）和运动员全速短跑中的速度。加速阶段包括运动员从起跑到加速所覆盖的所有距离；最大速度阶段（或速度保持阶段）包括运动员在保持最大速度后所覆盖的距离。而最后一个阶段可能会有一定程度的减速，这取决于运动员保持最大速度的能力。

反应阶段的成功与否取决于对指令枪的反应速度和脚对起跑器作用力的大

小。在理想情况下，运动员在最短的时间尽可能地施加最大的力。在离开起跑器后，运动员进入全速短跑的加速阶段，这个阶段可以进一步分为纯加速阶段和过渡加速。整个阶段的特征是加长步幅和缩短触地时间。

步频也会增加，男子运动员典型的步频可以达到每秒 4.6 步，女子运动员可以达到每秒 4.8 步。加速所需的距离根据运动员的性别和最大速度能力的不同而不同。总体来说，男子运动员在 60～80 米的距离能达到最大速度，而女子运动员只需 50～60 米。另外，最大速度更高的运动员需要一段更长的距离来达到最大速度，所以他们的加速阶段会比最大速度较小的运动员更长。尽管加速阶段相对更长，但是他们可以达到一个相对更快的速度。例如，尤赛因·博尔特（Usain Bolt）在北京奥运会决赛中，10 米时达到最大速度的 73%，20 米时达到最大速度的 85%，30 米时达到最大速度的 93%，40 米时达到最大速度的 96%。

最后，运动员进入最大速度阶段，或者说到达一个无法再继续加速的点。这个点，运动员已经达到最大速度。对于顶尖女子短跑运动员来说，速度可以达到每秒 11 米或更快，男子运动员可以达到每秒 12 米或更快。到达这个点后，再通过减少触地时间来进一步加速的效果是很有限的，因此运动员无法再进一步发力。运动员到达这个点后，不应该再试图加速，而是应注重保持最大速度。

在最后阶段，运动员无法保持最大速度，从而进入减速期。尽管一些运动员在这一阶段看起来在加速，但事实上他们只是比其他运动员保持速度的时间更长。这一阶段的长度取决于加速模式、运动员的身体条件以及比赛压力所造成的技术质量的下降程度。有更长加速期的运动员在这一阶段更具有优势，因为他们需要保持最大速度的距离更短。现代短跑的一个主要特征是，运动员在减速阶段保持更高速度的能力增强了，因此，减速在如今的百米赛跑的最后阶段越来越少见了。

前面给出的数据只代表了顶尖短跑选手的运动模式，但这种分析对于青年运动员、业余运动员甚至次顶级运动员（他们达到最大速度更早，因此减速的程度也大大增加）来说并不合适。例如，非常年轻的运动员可能在 20 米时就达到最大速度，并能保持 5 米的最大速度，然后在剩下的 75 米他们就会减速。

在 200 米和 400 米的短跑中，加速阶段会刻意地拉长。不像 100 米短跑那样，运动员需要最大限度地加速，并在最短的时间内达到最大速度。但在 200 米和 400 米的短跑比赛中，运动员需要控制他们的加速（部分原因是比赛策略和在弯道起跑），从而增加加速阶段的绝对长度。在弯道上以最大速度奔跑对于一名短跑运动员来说是很难的，因此，在更长的短跑项目中，加速到最大速度会受运动员所处的道次（内侧几个跑道难度最大）、弯道能力以及比赛策略的影响。所以，在200米和400米短跑中，运动员的加速、最大速度和速度耐力的距离长短会有很大的不同。

针对径赛项目的专项速度训练

考虑到速度对于径赛项目的重要性，大部分的技术模式（见第2章）源自于径赛项目。第3章中介绍的技术也是基于径赛项目。因此，第3章中介绍的训练方法对于短跑运动员提升技术水平至关重要。教练和运动员可以选择与加速和最大速度相关的专项技术进行练习。除了重复这些练习，还有两个部分的练习需要考虑：从起跑器上起跑和在弯道上跑。

在起跑器上起跑

在短跑项目中，蹬离起跑器是加速阶段的第一步。在发令枪响之后，运动员必须快速蹬离起跑器开始加速。在掌握了基本的加速技术后，运动员才开始学习起跑技术。在起跑训练的初级阶段，先从卧姿、站姿和三点姿势开始学习起跑的基本技术，然后再学习更为复杂的起跑器起跑技术，从而为起跑打下坚实的基础（见第3章中的从地面开始冲刺、从三点姿势开始冲刺和倒地冲刺）。

专项的起跑器起跑姿势根据运动员的技术风格、能力、体型、偏好和力量的不同而不同。总的来说，在预备的动作时，运动员的前腿膝关节角度至少弯曲90度，后腿膝关节至少弯曲120度（见图6.74）。手掌的位置非常重要，许多年轻运动员效仿身体成熟的顶尖运动员，双手的位置非常宽，但是使用这个姿势时，他们经常缺乏高效蹬离起跑器所需的力量，所以他们双手的距离应该离得更近些，以便更好地支撑身体，并保持一个相对较高的重心。

手部支撑位置的不适当可以轻易地被发现，因为这会降低运动员蹬离起跑器时上半身移动的效率。教练应该看到的是，运动员后腿对起跑器发力时，手掌高效且爆发性的移动，使运动员呈向前直线的姿势。

图 6.74 从起跑器起跑的正确预备姿势

　　更强壮的运动员可以采用更大的身体倾斜角度，这样可以使髋部和躯干爆发式地伸展。更强壮且爆发力更好的运动员会采用双手宽距支撑，躯干前倾超过起跑线，低头，双肩高度低于髋部的姿势，这样能够使身体的前倾角度更大（见图6.75）。

图 6.75 躯干前倾角度更大的预备姿势

起跑和弯道技术

200 米和 400 米短跑的几个重要的方面就是起跑、加速和高效的弯道冲刺。同样，与之前介绍的起跑器起跑一样，对于年轻的短跑运动员来说，教练不应该以基本技术为代价，过早地强调起跑技术和弯道技术。例如，对于还未掌握基本加速和起跑技术的运动员来说，在有弯道的短跑（如 200 米和 400 米）中使用起跑器起跑技术可能会对他们的冲刺技术产生抑制作用。

在弯道加速和冲刺的主要特征是身体倾斜，增加力量以克服重力和增加向心加速度通过弯道，以确保不会偏离跑道。运动员应该努力在跑道的最内侧奔跑，因为这是最短的距离。身体与跑道倾斜的角度取决于运动员所处的道次和速度。内侧跑道比外侧需要更大角度的转弯，但是总的弯道距离更短。因此，内侧跑道需要运动员有更大的倾斜角度，以克服这些急剧的转向和更大的向心力。对于运动员奔跑的速度来说，速度越快就需要更大角度的身体倾斜来克服更大的惯性力，身体最佳的运动模式应该是直线的。

运动员的身体应该从脚就开始倾斜，而不仅仅是腰部以上的倾斜（见图 6.76）。从脚开始倾斜使运动员在过弯道时能更有效地发力。过弯道时，左脚的步幅要小于右脚。运动员在过弯道时一般会使用更短的步幅（但触地时间会更长，以产生更大的力）。右手臂的摆动通常会越过或超过身体中线，以协助产生向心加速度。

图 6.76 从脚开始身体向内倾斜

相比于直线冲刺，弯道冲刺的物理效率更低。运动员在弯道冲刺时不可能像直道冲刺那么快，因为弯道冲刺必须克服惯性力。理想的技术可以使运动员在过弯时力量的损失最小化，使加速度和速度最大化。运动员在出弯道时所处的姿势应该能使他们继续增加速度，因为出弯道后就开始了直线冲刺。为此，运动员必须控制他们的身体姿势。在这方面，一个常见的错误是，运动员的左肩膀向内侧跑道敞开，而不是保持一个能够强力发力的姿势。另一个常见的错误就是，过弯道时步幅过长。

短跑训练方案的基础

考虑到短跑训练对运动员身体等因素的影响，运动员按照正确的顺序进行训练很重要。尽管分期训练并不在本章所讲述的内容范围内，但在规划训练方案时，用它来概括总体趋势和原则还是很有帮助的。

表6.4列举了针对成长中的短跑运动员（初、高中生）的一周训练范例。表6.5则是针对大学级别的短跑运动员的一周训练范例。对于成长中的运动员来说，训练重点应该在于打造田径运动所需的基本技术以及提高总体的运动能力。可以使用第3章中介绍的训练方法，以确保运动员提高适合自己的技术的水平。大学级别的运动员的训练则更具有针对性。换句话说，成长中的短跑运动员依旧在学习如何冲刺以及增强身体的运动能力，而顶尖的短跑选手则更专注于比赛的层面。

表 6.4　针对初中或高中级别的短跑运动员的一周训练范例

日期	训练类型	训练内容*	体能训练
星期一	跑道训练	交换跳: （4 ~ 6 × 40 米）; 从三点支撑姿势开始加速: （5 ~ 6 × 20 米）	无
星期二	间歇训练	草地跑: 以70% 最大速度跑 (6 ~ 7) × 100 米; 一系列的奔跑,重点在于奔 跑时放松; 草地减少了奔跑时对身体的 压力	一般体能训练
星期三	交叉训练	其他运动或者休息	无
星期四	跑道训练	基础训练: 站姿手臂摆动,脚踝走,A 形军步走,扶墙蹬摆（单次 交换）,跨步跑; 从站姿开始加速: （4 ~ 5）× 40 米	一般体能训练
星期五	交叉训练	其他运动或者休息	无
星期六	跑道训练	速度耐力: 以85% 最大速度跑 3 × 200 米,组间休息 3 分钟	一般体能训练
星期日	休息	休息	休息

*这里所说的训练内容是热身活动和准备活动之外的活动。间歇跑通常以最大速度的 65% ~ 75%
进行,重点在于保持跑步技术的流畅性。所有距离都包括往回走的同等距离。

表 6.5　针对大学级别运动员的一周训练范例

日期	训练类型	训练内容*	体能训练	其他训练
星期一	跑道训练	正常跑： 5×80 米； 加速跑： 5× 20 米 和 4 × 30 米	爆发力和最大力量：奥运会举重式下身力量训练	
星期二	间歇训练	草地跑： 6 × 100 米 4 × 150 米	无	
星期三	快速伸缩复合训练	80 ~ 120 次小跳 深蹲跳 单脚跳 药球训练 快速交换跳	无	水上：恢复课
星期四	跑道训练	正常跑： 5×60 米； 从站姿开始速度跑： 4 × 30 米 1 × 50 米	爆发力和最大力量：上半身	
星期五	间歇训练	草地跑： 2 × 100 米 2 × 150 米 1 × 200 米	爆发力和最大力量：奥运会举重式下身力量训练(在速度训练期前进行)	
星期六	跑道训练	速度耐力： （2 ~ 3）× 150 米, 组间休息 2 分钟	无	按摩
星期日	休息	休息	休息	休息

*这里所说的训练内容是热身活动和准备活动之外的活动。间歇跑通常以最大速度的 65% ~ 75% 进行，重点在于保持跑步技术的流畅性。所有距离都包括往回走的同等距离。

参考文献

1

Deacon, J. 2011. Acceleration: theory and practice. *Professional Strength and Conditioning Journal* 21: 16–21.

Goodwin, J. 2011. Maximum velocity is when we can no longer accelerate. *Professional Strength and Conditioning Journal* 21: 3–9.

Jeffreys, I. 2006a. A motor development approach to enhancing agility. Part 1. *Strength and Conditioning Journal* 28 (5): 72–76.

Jeffreys, I. 2006b. A motor development approach to enhancing agility. Part 2. *Strength and Conditioning Journal* 28 (6): 10–14.

Jeffreys, I. 2006c. Optimising speed and agility development using target classifications and motor control principles. Part 1. *Professional Strength and Conditioning Journal* 3: 11–14.

Jeffreys, I. 2006d. Optimising speed and agility development using target classifications and motor control principles. Part 2. *Professional Strength and Conditioning Journal* 4: 12–17.

Jeffreys, I. 2007. *Total soccer fitness.* Monterrey, CA: Coaches Choice.

Jeffreys, I. 2009. *Gamespeed: movement training for superior sports performance.* Monterrey, CA: Coaches Choice.

McGinnis, P.M. 2005. *Biomechanics of sport and exercise.* 2d ed. Champaign, IL: Human Kinetics.

Weyand, P.G., D.B. Sternlight, M.J. Bellizzi, and S. Wright S. 2000. Faster top running speeds are achieved with greater ground forces not more rapid leg movements. *Journal of Applied Physiology* 89 (5): 1991–1999.

Weyand, P.G., and J.A. Davis. 2005. Running performance has a structural basis. *The Journal of Experimental Biology* 208: 2625–2631.

Weyand, P.G., R.F. Sandell, D.N. Prime, and M.W. Bundle. 2010. The biological limits to running speed are imposed from the ground up. *Journal of Applied Physiology* (Apr) 108 (4): 950–961.

2

Baker, D. 1999. A comparison of running speed and quickness between elite professional and young rugby league players. *Strength and Conditioning Coach* 7 (3): 3–7.

Docherty, D., H.A. Wenger, and P. Neary. 1998. Time–motion analysis related to the physiological demands of rugby. *Journal of Human Movement Studies* 14: 269–277.

Gambetta V. 1996. How to develop sport–specific speed. *Sports Coach* 19 (3): 22–24.

Gambetta V. 2007. *Athletic development.* Champaign, IL: Human Kinetics.

Sayers M. 2000. Running techniques for field sport players. *Sports Coach* Autumn: 26–27.

Sheppard, J.M., and W. Young. 2006. Agility literature review: classifications, training and testing. *Journal of Sport Sciences* 24 (9): 919–932.

3

Baechle, T.R. 1994. *Essentials of strength training and conditioning*. Champaign, IL: Human Kinetics.

Baker, D. and S. Nance. 1999. The relationship between running speed and measures of strength and power in professional rugby league players. *Journal of Strength and Conditioning Research* 13 (3): 230–235.

Balyi, I. 1995. Long term athlete development. *Strength and Conditioning Coach* 3 (2): 10–14.

Balyi, I. 1996. *Planing for training and performance*. Vancouver, Canada: BC Sports Services Branch.

Blazevich, T. 1997a. Resistance training for sprinters. Part 1. *Strength and Conditioning Coach* 4 (3): 9–12.

Blazevich, T. 1997b. Resistance training for sprinters. Part 2. *Strength and Conditioning Coach* 5 (1): 5–10.

Bobbert, M.F. 1990. Drop jumping as a training method for jumping ability. *Sports Medicine* 9 (1): 7–22.

Brown, L.E. and V.A. Ferrigno. 2005. *Training for speed, agility, and quickness*. Champaign, IL: Human Kinetics.

Brughelli, M., J. Cronin, and K. Nosaka. Forthcoming. Muscle architecture and optimum angle of the knee flexors and extensors: a comparison between cyclists and Australian rules football players. *Journal of Strength and Conditioning Research*.

Clutch, D. and M. Wilton. 1983. The effect of depth jumps and weight training on leg strength and vertical jump. 54:5–10.

Dintiman, G. and B. Ward. 2003. *Sports speed*. 3d ed. Champaign, IL: Human Kinetics.

Donati, A. 1996. The association between the development of strength and speed. *New Studies in Athletics* 2 (3): 51–58.

Faccioni, A. Modern Speed Training. In: Faccioni; Oztrack E–books. 2003. p. E–book.

Francis, C. 1997. *Training for speed*. Canberra, Australian Capital Territory: Faccioni Speed & Conditioning Consultants.

Francis, C. 2005. Speed training. Francis speed training seminar, Vancouver, Canada.

Gambetta, V. 1990. Speed development for football. *National Strength and Conditioning Association Journal* 12 (1): 45–46.

Gambetta, V. 1996. How to develop sport–specific speed. *Sports Coach* 19 (3): 22–24.

Gambetta, V. 2007. *Athletic development: the art and science of functional sports conditioning*. Champaign, IL: Human Kinetics.

Hakkinen, K. and P.V. Komi. 1985. Effect of explosive type strength training on electromyographic and force production characteristics of leg extensor muscles during concentric and various stretch–shortening cycle exercises. *Scandanavian Journal of Sports Sciences* 7 (2): 65–76.

Harrison, A.J. and B. Gillian. 2009. The effect of resisted sprint training on speed and strength performance in male rugby players. *Journal of Strength and Conditioning Research* 23 (1): 275–283.

Knicker, A.J. 1994. Untersuchungen zur ubereinstimmung von zugwiderstandslaufen und sprint-bewegungen. Paper presented at the Widerstandbelastungen im Schnelligkeitstraining, Koln, Germany.

Knicker, A.J. 1997. Neuromechanics of sprint–specific training skills. Paper presented at the 15 International Symposium on Biomechanics in Sport, Denton, Texas.

Kunz, H. and D.A. Kaufmann, 1981. Biomechanics of hill sprinting. *Track Technique* 82: 2603–2605.

Kyrolainen, H., P. Komi, and A. Belli. 1999. Changes in muscle activity patterns and kinetics with increasing running speed. *Journal of Strength and Conditioning Research* 13 (4): 400–406.

Letzelter, M., G. Sauerwein, and R. Burger. 1994. Resistance runs in speed development. *Modern Athlete and Coach* 22: 20–29.

Lidor, R. and Y. Meckel. 2004. Physiological, skill development and motor learning considerations for 100 metres. *New Studies in Athletics* 19 (1): 7–12.

Luchtenbern, B. 1990. Training for running. *Science Periodical of Research and Technology in Sport* 10 (3): 1–6.

Mann, R.V. 1981. A kinetic analysis of sprinting. *Medicine and Science in Sports and Exercise* 13 (5): 325–328.

Maulder, P.S., E.J. Bradshaw, and J. Keogh. 2008. Kinematic alterations due to different loading schemes in early acceleration sprint performance from starting blocks. *Journal of Strength and Conditioning Research* 22 (6): 1992–2002.

Mero, A. and P. Komi. 1985. Effects of supramaximal velocity on biomechanical variables in sprinting. *International Journal of Sport Biomechanics* 1: 240–252.

Mouchbahani, R., A. Gollhofer, and H. Dickhuth. 2004. Pulley systems in sprint training. *Modern Athlete and Coach* 42 (3): 14–17.

National Strength and Conditioning Association. Dawes. J. and M. Roozen, eds. 2012a *Developing agility and quickness*. Champaign, IL: Human Kinetics.

National Strength and Conditioning Association. Reuter, B., ed. 2012b. *Developing endurance*. Champaign, IL: Human Kinetics.

Saraslandis, P. 2000. Maximum speed: flat running or resistance training. *New Studies in Athletics* 3 (4): 45–51.

Sheppard, J. 2003. Strength and conditioning exercise selection in speed development. *Strength and Conditioning Journal* 25 (4): 26–30.

Sheppard, J. 2004. The use of resisted and assisted training methods for speed development: coaching considerations. *Modern Athlete and Coach* 42 (4): 9–13.

Sheppard, J. and G. Sleivert. 2005. Use of resistance with sprint training. *Sports Coach* 28 (3): 14–15.

Sheppard, J.M., D. Chapman, C. Gough, M. McGuigan, and R.U. Newton. 2008a. The association between changes in vertical jump and changes in strength and power qualities in elite volleyball players over 1 year. Paper presented at the National Strength and Conditioning Association Annual Conference. Abstract in the *Journal of Strength and Conditioning Research* 22 (6): 1–115.

Sheppard, J.M., M.R. McGuigan, and R.U. Newton. 2008b. The effects of depth–jumping on vertical jump performance of elite volleyball players: an examination of the transfer of increased stretch–load tolerance to spike jump performance. *Journal of Australian Strength and Conditioning* 16 (4): 3–10.

Spinks, C.D., A.J. Murphy, W. L. Spinks, and R.G. Lockie. 2007. The effects of resisted sprint training on acceleration performance and kinematics in soccer, rugby union, and Australian football players. *Journal of Strength and Conditioning Research* 21 (1): 77–85.

Tziortzis, S. and G.P. Paradisis. 1996. The effect of sprint resisted training on the peak anaerobic power and 60 m performance. Paper presented at the Frontiers in Sport Science May 28–31, Nice, France.

Vonstein, W. 1994. Kritische betrachtung des zugwiderstainings. Paper presented at the Widerstandsbelastungen im Schnelligkeitstaining, Koln, Germany.

Young, W.B., B. McLean, and J. Ardagna. 1995. Relationship between strength qualities and sprinting performance. *Journal of Sports Medicine and Physical Fitness* 35 (1): 13–19.

Zatsiorsky, V.M. and W.J. Kraemer. 2006. *Science and practice of strength training*. 2d ed. Champaign, IL: Human Kinetics.

4

Altug, Z., T. Altug, and A. Altug. 1987. A test selection guide for assessing and evaluating athletes. *NSCA Journal* 9 (3): 67–69.

American Alliance for Health, Physical Education, Recreation and Dance. 1980. *AAHPERD Health-related fitness test*. Reston, VA: Author.

Anderson, J.C. 2005. Stretching before and after exercise. Effect on muscle soreness and injury risk. *Journal of Athletic Training* 40 (3): 218–220.

Arthur, M., and B. Bailey. 1998. *Complete conditioning for football*. Champaign, IL: Human Kinetics.

Barnes, M., and J.M. Cissik. 2008. *Training for the 40–yard dash*. Monterey, CA: Coaches Choice.

Baumgartner, T., and A. Jackson. 1987. *Measurement for evaluation in physical education and exercise science*. Dubuque, IA: Brown.

Bridgman, R. 1991. A coaches' guide to testing for athletic attributes. *NSCA Journal*. 13 (3): 34–36.

Cissik, J.M., and M. Barnes. 2004. *Sport speed and agility*. Monterey, CA: Coaches Choice.

Fleck, S. 1983. Interval: physiological basis. *NSCA Journal* 5 (5): 40.

Flexibility: Roundtable. 1984. *NSCA Journal* 6 (4): 10–22, 71–73.

Funk, D.C., A.M. Swank, B.M. Mikala, T.A. Fagan, and B.K. Farr. 2003. Impact of prior exercise on hamstring flexibility: a comparison of proprioceptive neuromuscular facilitation and static stretching. *The Journal of Strength and Conditioning Research* 17 (3): 489–492.

Graham, J. 1994. Guidelines for providing valid testing of athletes' fitness levels. *Strength and Conditioning Journal* 16 (6): 7–14.

Graham, J., and V. Ferrigno. 2005. Agility and balance training. In *Training for speed, agility, and quickness*. 2d ed. Ed. L.E. Brown and V.A. Ferrigno. Champaign, IL: Human Kinetics.

Harman, E. 2008. Principles of test selection and administration. In *Essentials of strength training and conditioning*. 3d ed. Ed. T.R. Baechle, R.W. Earle, and National Strength and Conditioning Association. Champaign, IL: Human Kinetics.

Hastad, D.N., and A.C. Lacy. 1989. *Measurement and evaluation in contemporary physical education*. Scottsdale, AZ: Gousch.

Hoffman, J.R. 2002. *Physiological aspects of sport training and performance*. Champaign, IL: Human Kinetics.

Hoffman, J.R. 2006. *Norms for fitness, performance, and health*. Champaign, IL: Human Kinetics.

Hoffman, J.R., S. Epstein, M. Einbinder, and Y. Weinstein. 1999. The influence of aerobic capacity on anaerobic performance and recovery indices in basketball players. *The Journal of Strength and Conditioning Research* 13: 407–411.

Hopkins, C. 1980. *Understanding educational research*. Columbus, OH: Merrill.

Howley, E.T., and B.D. Franks. 2003. *Health fitness instructor's handbook*, 4th ed. Champaign, IL: Human Kinetics.

Jeffreys, I. 2008. Warm–up and stretching. In *Essentials of strength training and conditioning*. 3d ed. Ed. T.R. Baechle, R.W. Earle, and National Strength and Conditioning Association. Champaign, IL: Human Kinetics.

Johnson, B., and J. Nelson. 1986. Practical measurement for evaluation in physical education. 4th ed., New York: Macmillan.

Kirkendall, D.T. 2000. Physiology of soccer. In *Exercise and sport science*. Ed. W.E. Garrett and D.T. Kirkendall. Philadelphia, PA: Lippincott, Williams and Wilkins.

Kontor, K. 1981. Testing and evaluation. *NSCA Journal* 3 (2): 7.

Kraemer, W.J., and L.A. Gotshalk. 2000. Physiology of American football. In *Exercise and sport science*. Ed. W.E. Garrett and D.T. Kirkendall. Philadelphia, PA: Lippincott, Williams and Wilkins.

Lentz, D., and A. Hardyk. 2005. Speed training. In *Training for speed, agility, and quickness*. 2d ed. Ed. L.E. Brown and V.A. Ferrigno. Champaign, IL: Human Kinetics.

Lund, H., P. Vestergaard–Poulsen, I.L. Kanstrup, and P. Sejrsen. 1998. The effect of passive stretching on delayed onset muscle soreness, and other detrimental effects following eccentric exercise. *Scandinavian Journal of Medicine and Science in Sports* 8 (4): 216–221.

Prentice, W.E. 1983. A comparison of static stretching and PNF stretching for improving hip joint flexibility. *Athletic Training* 18 (1): 56–59.

Semenick, D. 1984. Anaerobic testing: practical applications. *NSCA Journal* 6 (5): 45.

Vestegen, M. 2004. *Core performance*. Emmaus, PA: Rodale Press.

5

Jeffreys, I. 2006a. A motor development approach to enhancing agility. Part 1. *Strength and Conditioning Journal* 28 (5): 72–76.

Jeffreys, I. 2006b. A motor development approach to enhancing agility. Part 2. *Strength and Conditioning Journal* 28 (6): 10–14.

Jeffreys, I. 2006c. Optimising speed and agility development using target classifications and motor control principles. Part 1. *Professional Strength and Conditioning Journal*.

Jeffreys, I. 2006d. Optimising speed and agility development using target classifications and motor control principles. Part 2. *Professional Strength and Conditioning Journal*.

Jeffreys, I. 2007. *Total soccer fitness*. Monterrey, CA: Coaches Choice.

Jeffreys, I. 2009. *Gamespeed: movement training for superior sports performance*. Monterrey, CA: Coaches Choice.

6

棒球

Coleman, A.E. 2000. *52–week baseball training*. Champaign, IL: Human Kinetics.

Coleman, A.E. 2009. In–season base running speed drills. Unpublished manuscript.

Coleman, A.E., and Dupler, T.L. 2004. Changes in running speed in game situations during a season of major league baseball. *Journal of Exercise Physiology online* 7 (3): 89–93.

Coleman, A.E., and Dupler, T.L. 2005. Differences in running speed among major league players in game situations. *Journal of Exercise Physiology online* 8 (2): 10–15.

Coleman, A.E., and Lasky, L. 1992. Assessing running speed and body composition in professional baseball players. *Journal of Applied Sport Science Research* 6: 2007–2213.

Cronin, R. 2009. Game speed training in baseball. *Journal of Strength and Conditioning Research* 31 (2): 13–25.

Gambetta, V. 2007. *Athletic development: The art and science of functional sports conditioning*. Champaign, IL: Human Kinetics.

Spaniol, F.J. 2005. Body composition and baseball performance. *NSCA Performance Training Journal* 4(1): 10–11.

Spaniol, F.J. 2007. Physiological characteristics of NAIA intercollegiate baseball players [abstract]. *Journal of Strength and Conditioning Research* 21 (4): e25.

Spaniol, F.J., D. Melrose, M. Bohling, and R, Bonnette. 2005. Physiological characteristics of NCAA Division I baseball players [abstract]. *Journal of Strength and Conditioning Research* 19 (4): e34.

冰球

Lentz, D., and A. Hardyk. 2005. Speed training. In *Training for speed, agility, and quickness*. 2d ed. Ed. Brown, L.E. and V.A. Ferrigno. Champaign, IL: Human Kinetics.

Manners, T.W. 2004. Sport–specific training for ice hockey. *Strength and Conditioning Journal* 26(2): 16–22.

Warren, Y.B., M.H. McDowell, and B.J. Scarlett. 2001. Specificity of sprint and agility training methods. *The Journal of Strength and Conditioning Research* 15(3): 315–319.

英式橄榄球

Jeffreys, I. 2006a. A motor development approach to enhancing agility. Part 1. *Strength and Conditioning Journal* 28 (5): 72–76.

Jeffreys, I. 2006b. A motor development approach to enhancing agility. Part 2. *Strength and Conditioning Journal* 28 (6): 10–14.

Jeffreys, I. 2006c. Optimising speed and agility development using target classifications and motor control principles. Part 1. *Professional Strength and Conditioning Journal* 3: 11–14.

Jeffreys, I. 2006d. Optimising speed and agility development using target classifications and motor control principles. Part 2. *Professional Strength and Conditioning Journal* 4: 12–17.

Jeffreys, I. 2007. Warm–up revisited: The ramp method of optimizing warm–ups. *Professional Strength and Conditioning Journal* 6: 12–18.

Jeffreys, I. 2009. *Gamespeed: movement training for superior sports performance*. Monterey, CA: Coaches Choice.

足球

Jeffreys, I. 2006a. A motor development approach to enhancing agility. Part 1. *Strength and Conditioning Journal* 28 (5): 72–76.

Jeffreys, I. 2006b. A motor development approach to enhancing agility. Part 2. *Strength and Conditioning Journal* 28 (6): 10–14.

Jeffreys, I. 2006c. Optimising speed and agility development using target classifications and motor control principles. Part 1. *Professional Strength and Conditioning* 3: 11–14.

Jeffreys, I. 2006d. Optimising speed and agility development using target classifications and motor control principles. Part 2. *Professional Strength and Conditioning* 4: 12–17.

Jeffreys, I. 2007a. *Total soccer fitness*. Monterey, CA: Coaches Choice.

Jeffreys, I. 2007b. Warm–up revisited: The RAMP method of optimizing warm–ups. *Professional Strength and Conditioning* 6: 12–18.

Jeffreys, I. 2008. Movement training for field sports: soccer. *Strength and Conditioning Journal*. 30 (4): 19–27.

Jeffreys, I. 2009. *Gamespeed: movement training for superior sports performance*. Monterey, CA: Coaches Choice.

网球

Baechle, T., and Earle, R. 2008. *Essentials of strength training and conditioning*. 3d ed. Champaign, IL: Human Kinetics.

Brown, L. ed. 2005. *Speed, agility, and quickness*. Champaign, IL: Human Kinetics.

Crotin, R. 2009. Game speed training in baseball. *Strength and Conditioning Journal* 31: 13–25.

Dawes, J. 2008. Creating open agility drills. *Strength and Conditioning Journal* 30: 54–55.

Flannagan, E., and P. Comyns. 2008. The use of contact time and the reactive strength index to optimize fast stretch–shortening cycle training. *Strength and Conditioning Journal* 30: 32–38.

Hansen, K., and J. Cronin. 2009. Training loads for the development of the lower body. *Strength and Conditioning Journal* 31: 17–33.

Kovacs, M. 2004. Energy system–specific training for tennis. *Strength and Conditioning Journal* 26: 10–13.

Kovacs, M. 2009. Movement for tennis: the importance of lateral training. *Strength and Conditioning Journal* 30: 77–85.

Kovacs, M. et al. 2008. Efficient deceleration: the forgotten factor in tennis–specific training. *Strength and Conditioning Journal* 30: 58–69.

Matsuda T. et al. 2005. Quick movement in footwork: effectiveness of the split–step. *Proceedings of the Annual Meeting of Japanese Society for Othopaedic Biomechanics* 26: 363–367.

Ochi, S., and M.J. Campbell. 2009. The progressive physical development of a high–performance tennis player. *Strength and Conditioning Journal* 31: 59–68.

Pankhurst, A. 2006. The progressive development of a high–performance tennis player. *USTA High Performance Coaching* 8: 1–9.

Roetert, E.P., and T.S. Ellenbecker. 2001. Biomechanics of tennis movements. *International Tennis Federation CSSR* 24: 15–17.

Roetert, E.P., M. Kovacs, D. Knudson, and J.L. Groppel. 2005. Biomechanics of the tennis ground-strokes. *Strength and Conditioning Journal* 31 (4): 41–49.

Zatsiorsky, V., and W. Kramer. 2007. *Science and practice of strength training.* Champaign, IL: Human Kinetics.

关于美国国家体能协会

美国国家体能协会 (NSCA) 是世界上在运动训练领域领先的机构。该协会汇集了许多著名的专家，他们来自许多领域，包括体能训练、运动科学、运动表现研究、教育和运动医学等。对于教练和运动员来说，美国国家体能协会能为他们提供可靠的训练知识和训练指导资源，它也为实验室和运动场提供了重要的联系。

关于编者

伊恩·杰弗里斯（Ian Jeffreys）是英国著名的体能教练。他曾经是英国威尔士学校国家橄榄球队体能教练，与世界各地不同水平的运动员、俱乐部和体育组织都有过合作。

伊恩目前是南威尔士大学体能讲师，也是威尔士布雷肯一家体能训练公司的老板。他在1989年成为美国国家体能协会会员，是美国国家体能协会认证的体能训练专家（CSCS）和私人教练（NSCA CPT），并且均获得了继续认证。伊恩是美国国家体能协会高中执行委员会委员，在2006年获得美国国家体能协会高中部年度专家的荣誉，这是该奖项首次授予美国之外的教练。伊恩在2009年再次获得了这一奖项。

伊恩是英国奥林匹克协会（British Olympic Association）注册的体能训练专家，同时也是英国国家体能协会（United Kingdom Strength and Conditioning Association, UKSCA）主任、UKSCA 认证的体能教练（ASCC）和技术顾问。他也是 UKSCA 教育研讨会的主要导师。

伊恩在国际期刊上发表过许多关于体能训练的论文。他是 UKSCA 期刊 *Professional Strength and Conditioning* 的编辑以及 NSCA 期刊 *Strength and Conditioning Journal* 和 *Journal of Australian Strength and Conditioning* 的编委会成员。伊恩已经创作了 3 本书，并为 *Essentials of Strength Training and Conditioning* 一书的第 3 版编写了有关热身和拉伸的内容。

伊恩是一位受欢迎的演讲者，在世界许多重大会议上进行过演讲并主持了高水平训练表现的研讨会。他的专长是速度和敏捷性训练。

关于撰稿者

埃尔·比安康尼博士（Al Biancani, EdD, CSCS*D），曾任 NBA 萨克拉门托国王队的体能教练 18 个赛季，也曾任在 2005 年获得 WNBA 总冠军的萨克拉门托君主队的体能教练。比安康尼获得加利福尼亚州立大学体育教育学士和硕士学位，以及犹他州立大学体育教育和社会学博士学位。比安康尼获得了美国国家体能协会的教练认证，对美国国内外许多与体能相关的书籍和出版物做出了贡献。他多次在各国出席研讨会和训练营。与妻子陶诗容（Shirong Tao）共育有 3 个孩子并有 4 个孙子和孙女。

约翰·格拉汉姆（John Graham, MS, HFS, CSCS*D, RSCC*D, FNSCA），美国圣卢克大学运动与人体表现部主任，新泽西学院健康与运动科学系兼职教授，美国运动委员会（American Council on Exercise, ACE）顾问小组成员，美国国家体能协会 Strength and Conditioning Journal 杂志副主编，美国国家体能协会现任主席。格拉汉姆也是美国国家体能协会研究员、认证体能教练，美国运动医学会（ACSM）认证的健康与健身专家。格拉汉姆在 2001 年成为美国国家体能协会董事会成员，2002 年出任副主席，2003 年担任秘书长。他在 2000 年荣获美国国家体能协会 Strength and Conditioning Journal 杂志的杰出编辑奖。他编写和协助编写了许多同行评议，出版和发表了许多关于健康、健身和体育的书籍和期刊文章，在美国各地及国际上多次发表演讲。格拉汉姆与妻子丽萨育有两个女儿——琳德塞和亚历克萨。

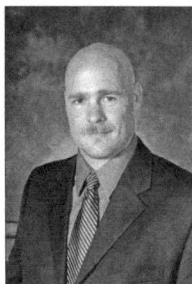

杰夫·基普（Jeff Kipp, MS, CSCS），美国空军学院助理体能教练，主管曲棍球队的速度、力量和体能方面的训练。他曾主导福尔肯橄榄球队的速度训练，担任长曲棍球队的体能教练，并与田径队和越野队有过合作。基普曾在科罗拉多州的 VSP 训练机构（Velocity Sports Performance）任体能教练。基普曾担任丹佛大学助理体能教练和科罗拉多矿业大学体能教练。基普是美国国家体能协会和美国速度与爆发力协会（National Association of Speed and Explosion）认证的体能专家、美国大学体能教练协会（Collegiate Strength and Conditioning Coaches Association）成员、美国举重协会（USA Weightlifting）和美国田径协会（USA Track and Field）成员。作为美国国家体能协会的发言人，基普多次在美国和国际上发表关于力量、速度和体能训练方面的演讲。他也为其他著作撰写了多篇文章或章节，并参与审核与校订。

杰里米·谢泼德（Jeremy Sheppard, PhD, CSCS），赫尔利冲浪澳大利亚训练中心运动科学总监和体能训练主管，同时他也是埃迪斯科文大学高级讲师。

弗兰克·斯帕尼奥尔（Frank Spaniol, EdD, CSCS*D, FNSCA），得州农工大学人体运动学教授、运动科学研究实验室主管。斯帕尼奥尔出版过许多关于运动科学方面的书籍。他最近编写了一本电子书，名为 *Dynamic Biomechanics*。此外他还曾担任 NCAA 棒球队主教练，与美国职业棒球大联盟（Major League Baseball，MLB）中的许多球队有过合作，并获得美国国家体能协会的资助。

马克·D. 斯蒂芬森（Mark D. Stephenson, MS, ATC, CSCS*D），在人体运动表现领域有超过 23 年的工作经验，目前任美国国防部（Department of Defense, DoD）特别行动小组人体运动表现项目主任。在国防部任职前，马克是美国国家体能协会人体运动表现中心主任，在那里他开发了战术体能训练项目。在美国国家体能协会时，他同时担任科罗拉多大学男子冰球队体能主教练及科罗拉多斯普林斯市警察局特警队生理学专家。马克通过普罗维登斯学院进入美国国家体能协会，他曾在普罗维登斯学院担任体能主教练。马克作为一名运动防护师开始其在人体运动表现领域的职业生涯，他早先在一家运动医学诊所与整形外科医生一起工作，也曾担任一所高中的运动防护师。他的整个生涯贯穿了不同的运动级别，包括高中、大学、奥林匹克和职业运动员。

黛安·韦弗斯（Diane Vives）是美国得克萨斯州奥斯汀市 Vives Training Systems 训练中心及 Fit4Austin 的老板和主任。她是一名体能训练专家，为奥斯汀市的许多运动员和客户提供过服务。她也是国际认可的专家，为目前具有科学依据的健身训练方法提供完整的策略。她热衷于满足女性运动员的训练需求，以及为评估女运动员的表现和减少在比赛和训练中受伤而创造全面的方法。她在 Under Armour Performance Training Council 任职，也是功能训练小组的成员，还经常撰写与训练相关的稿件。她是一名具有 15 年经验的力量训练专家，并在网上和大家一起分享她的知识与经验。

关于译者

沈兆喆，跑步爱好者，北京体育大学体育教育训练学田径方向硕士；国家体育总局训练局体能训练师、助理研究员，备战伦敦奥运会、里约奥运会身体功能训练团队成员；美国国家体能协会认证体能训练师（CSCS），美国国家体能协会认证私人教练（NSCA-CPT）；《身体功能训练动作手册》主编；主要研究方向：体能训练、跑步运动。